大夏 大夏书系 | 西方教育前沿

CORWIN
corwin.com | A Sage Company

教育共同体

家庭、学校、社区共育实践指南

In It Together

How Student, Family,
and Community Partnerships Advance Engagement
and Achievement in Diverse Classrooms

Debbie Zacarian   Michael Silverstone

[美] 黛比·扎卡里安 米歇尔·希尔维斯通 著

赵丽琴 译

华东师范大学出版社

·上海·

上海市版权局著作权合同登记 图字：09-2016-423 号

|目　录|

教育共同体：
家庭、学校、社区共育实践指南

教育共同体：
家庭、学校、社区共育实践指南

| 引 言 |

来自不同地方、担任不同角色的两个人共同写作一句话都不容易，更何况是合著一本书呢？我们认为这种情形恰恰反映了目前教育所需要的一些东西。同许多合作一样，合作完成本书是从我们的谈话开始的。我们在当地的一间咖啡馆见了面，这里有免费的Wi-Fi，顾客可以随意逗留，手工研磨的咖啡散发出阵阵芳香，让人感觉很放松，想要坐下来倾心交谈，构思观点。这并非我们第一次合作。我们曾一起撰写过系列学术作品中的一章内容，并发现这种经历对于将彼此的想法融合形成共同的作品是很有效的。在看待事物的观点上我们并非总能保持一致，每个人都有自己的观点，说明我们都有自己的主见。如果教育者不能同时具备倾听及寻求解决方案的能力，那么这种执拗对于我们共同创作危害极大。我们发现，共同创作一章内容令人兴奋、发人深省，因为它是一个复杂、曲折的合作过程。我们愿意倾听和评价对方的不同观点，这有助于拓展个人和团体的思维与工作。当我们持有不同的观点时（而且经常如此），或者不确定该如何进行下去时，我们就停下来，直到清楚地知道如何真正将这些因素囊括进来。我们认为，停顿下来、对彼此的观点进行反思，同意或反对对方的观点，最终达成一致的经历是教育中迫切需要的。

我们正处于教育的重大变革时期，但是当提到拉美后裔、非裔美国人、阿拉斯加土著居民以及土著美国人、英语学习者和生活在贫困中的学生时，几十年来学校的糟糕状况并未有多大改观。尽管新的问责标准以及对教师、管理者的评价体系对每一个教育工作者提出了前所未有的挑战，但是来自这些少数族裔群体（预测到未来这些人群会成为多数群体）的学生数量庞大，对他们的教育从现在起就应该引起我们的高度警戒。不过，我们认为，在理解与建立这些规则与开创性工作方面我们所投入的时间消耗了我们的精力，以至于影响到我们去做那些真正急需解决的事情，也就是使教育能够真正为所需要的群体服务，而非目前所服务的群体。这其实是老生常谈了。

1988年，在第九届年度教育民族志专题论坛上，教育界享有盛誉的丽萨·德尔皮特（Lisa Delpit）发表的演讲主题为"沉默的对话：别人孩子的权力和教育"。在讲话中，她呼吁我们要倾听，真正去聆听并重视不同的观点。为了做到这一点，我们必须在这项重要的工作中愿意与对方一起学习，向彼此学习。此外，德尔皮特要求教育工作者接受课堂中正在出现的多样性，同时对来自不同文化、种族、经济、语言背景的学生提供支持，帮助他们在学校获得成功。我们认为，要做到后者，需要真正花时间来探讨成功的学习者的含义。我们所指的成功是什么？在今日的学校中，成功的学生意味着拥有技能、能力和信心去主动投入知识的获得过程，成为学习共同体中的正式成员，有能力在学校、州以及其他的测验中成功地表达自己。总而言之，就是要学会成为一名独立的、具有批判性的思考者。我们认为只有当学生、教师、家庭、学校以及社区凝聚在一起，共同合作，使教育服务于每一个人时，改变才会成为可能。换言之，教学不能仅仅依靠教师，它是大家共同的责任。当每个人都积极主动，被人接纳，经常鼓励和进行大量的互动时，教学才会真正发挥成效。

因此，两位作者合作一篇文稿的过程，与教育工作者、学生和家庭凝聚在一起的过程有相似之处。例如，在写这篇引言时，黛比（Debbie）给米歇尔（Michael）发来她的草稿。米歇尔回信道："如果我们说'我很想表达这个和那个意思'，那该怎么办？"黛比可能会说："好的，当我们这样写时，我们如何能够确保把……也涵盖进来？"在项目执行过程中，我们无数次地转换角色，一直坚持到现在，这就是我们写作过程的特点。

我们写了很多草稿，每一份稿子都让我们更加努力，精益求精，直到最后形成这本终稿。在这个过程中，我们开始认识对方，重视对方，相互挑战，同时确信我们所写的内容是基于相互尊重和合作而完成的。本书的创作过程不仅是作者之间进行合作的范例，而且也描绘了现代教育所急需的合作机制。

作为教育者，尽管我们衷心希望把最好的东西带给学生，但是囿于个人的观点，难免会有疏漏。个人观点常常只是对事物全貌的局部的描述，需要其他人的贡献才能使认识更加全面。不过，我们相信，教师在培养与学生、家庭、学校以及社会之间开放的、急需的交流以保证教育的成效方面发挥着关键的作用。没有哪个人或权威知晓答案，不过，当我们邀请其他人加入进来，对于他人的观点保持开放的态度，而且让自己接受不同的观点，把这些视作馈赠的礼物而非阻碍时，那么我们就能真正凝聚在一起了。

本着这种精神，我们呼吁全美更多的教师能够为我们提供实践中需要的典范。为了详细描述并提供这一工作路径，我们也增加了一些基于研究的准备工作和教学策略，以展示我们如何对来自不同文化、种族、语言和经济背景下的许多学生提供支持，使他们在学校中获得成功。本书是我们共同努力的结晶，谨以此书献给各位教师，以及正在接受培训的教师，这些教师和在公立学校工作的我们一样，正在面对日益增长的多元化学生群体的压力。我们坚信，当我们不断扩大和发展我们的合作圈并使大家真正凝聚在一起时，我们就可以使教育为所有人服务，而现在正是完成这一使命最佳、最重要的时机。

|致 谢|

本项目的完成，得益于一些人所做的贡献，在此我们深表谢意。许多教育工作者在百忙之中抽出时间来阅读早期的初稿，提出建议，让我们知道自己所做的事情正是他们真正需要的。科罗拉多柯罗林的经理莉迪亚·布雷塞斯（Lydia Breiseth）热情相助，为我们联系了美国教师联合会；我们还与堪称典范的同行取得了联系，比如督导与课程发展研究会（ASCD）及对外英语教学（TESOL）团队的杰出成员，他们为我们提供了来自美国城市、郊区和乡村的大量实例。在此谨对以下教师和专家所做的工作表示感谢：凯利·布朗（Kelley Brown）、达里尔·克拉克（Darryl clark）、安吉拉·根特（Angela Ghent）、苏珊·戈德斯坦（Susan Goldstein）、克里斯蒂娜·拉巴迪（Kristina Labadie）、路易丝·利维（Louise Levy）、爱丽西亚·洛佩兹（Alicia Lopez）、凯斯·玛莱塔（Keith Maletta）、爱丽丝·梅（Elise May）、亚利山大·麦考特（Alexandra McCourt）、詹妮弗·米尔顿（Jennifer Melton）、蒂娜·帕利奥斯（Ntina Paleos）、莫林·朋克（Maureen Penko）、露西·盖布尔（Lucy Gable）、芭芭拉·罗森博格（Barbara Rothenberg）、西尔维娅·舒曼（Sylvia Schumann）以及帕姆·斯诺（Pam Snow）。

编辑丹·阿尔波特（Dan Alpert）给予我们鼎力支持和鼓励，他提出建议，编辑审读的过程使本书增色不少。科文公司的凯山德拉·赛贝（Cassandra Seibel）和萨拉·杜菲（Sarah Duffy）对文字进行了润色和推敲。我们还要十分感谢科文公司在全书出版过程中所做的努力和给予的支持，尤其要感谢凯撒·雷耶斯（Cesar Reyes）和金伯利·格林伯格（Kimberly Greenberg）对我们俩细致入微的关心与照顾。

我们在本项目上花费了很多时间，家人和朋友一直给予支持，在此要对他们表示感激。

最后，同样需要提及的是，没有来自学生和教师们的灵感的启发，我们是不可能提出书中的观点的。谨以此书献给他们，献给那些团结起来使平等、机会和参与的理想日益变成现实的家庭和团体。

|作者简介|

黛比·扎卡里安（Debbie Zacarian），教育学博士，黛比·扎卡里安协会创始人。该协会是一家致力于促进多元化学生群体的公平、机会和参与的机构。她的工作包括咨询服务、政策分析与撰稿、战略规划与专业发展，目的在于加强教学实践、领导力、培训以及家长与学校的合作关系。扎卡里安博士是马萨诸塞州北安普敦教育服务协会英语教育和学生成就促进中心的创办主任，她在这里为成千上万的教育工作者制订各种专业发展计划，为马萨诸塞早教与护理部以及许多城市、郊区和农村地区拟定政策，包括波士顿公立学校的英语学习者方案，还为马萨诸塞特殊儿童联合会和家长信息资源中心提供咨询服务。十多年来，她在马萨诸塞大学阿默斯特分校担任临床教师。除了服务工作之外，她还设计并教授课程，包括"文化回应型课堂管理"和"异质性班级的课程开发"。扎卡里安博士还是阿姆斯特公立学校英语学习者和双语项目的创办主任，她与该地区曾获得多项州一级和国家级的奖项。

她撰写了许多著作，包括《学术语言的掌握：学生成就的支持框架》（*Mastering Academic Language: A Framework for Supporting Student Achievement*，2013），与朱迪·海恩斯（Judie Haynes）合著《英语初学者教育的基本指南》（*The Essential Guide for Educating Beginning English Learners*，2012），《为英语学习者改变学校：给学校领导的综合框架》（*Transforming Schools for English Learners: A Comprehensive Framework for School Leaders*，2011），《不同学科领域英语学习者的教学》（*Teaching English Language Learners Across the Content Areas*，2010）。

自1998年以来，米歇尔·希尔维斯通（Michael Silverstone）一直是马萨诸塞州的一名全职小学教师。与黛比·扎卡里安共同撰写了《多元化课堂中的学术语言：学龄前到二年级内容与语言学习及数学的促进》（Academic Language in Diverse Classrooms: Promoting Content and Language Learning, Mathematics, Grades K-2）一文，详细阐述了即使面对各种标准化课堂教学的压力，作为教师仍要保持职业自主的重要性，与此同时还要巩固与学生、家庭和同事的关系。该文章内容出自由索尼亚·尼特（Sonia Niet）编辑的退休教师选集《当下我们为什么要教书》（*Why We Teach Now*）。希尔维斯通也是一位面向青年人撰稿的非小说类作品的作者，著有《吉格贝塔·门楚：危地马拉的人权捍卫》（*Rigoberta Menchú：Defending Human Rights in Guatemala*）和《温诺那·拉杜可：美国原住民土地和文化的回归》（*Winona LaDuke: Restoring Land and Culture in Native America*）。他还是全国写作项目西马萨诸塞写作项目的一名教师顾问。

第一章

教育中的"全民动员"

如果缺乏有意义的互动和交流，那么有意义的学习就不会发生。

——詹姆斯·考米尔（James Comer）

正值8月，各种开学用品和服装广告一开始只是零散出现，最后便充斥着广播、电视、网络和纸质媒体。对于大约四百万的美国教育工作者而言，曾经看似遥远的日子正在迫近。新学年就像一座山一样赫然耸立在眼前，某种程度上是令人兴奋和激动的，而在另外一种程度上又是颇具挑战的，我们甚至敢说是令人望而却步的。作为教师、培养未来教师的教育工作者，或者说是对继续教育提供支持以加强实践工作的职业发展者，我们希望自己能够理解这些含义，即努力培养学生成为善于思考、关爱他人的社会成员，用我们的爱心和决心帮助他们生活得更好，使他们成为让这个世界变得更加美好的成员。这正是我们在整个学年所做的工作，即为了使所有学生获得成功而进行不断的评估和调整。

教学从来就不是一项简单或轻松的工作。也许是对昔日时光的留恋，似乎在历史上教学会出现这种情况：教师削好铅笔，关上门，像魔法一样满足所有学生的需要。即使这样的神话是对过去的现实描绘，我们也很乐意进入这样一个时代，即成为一名有效的教师，肩负复杂甚至是艰巨的使命。

在本书中，我们考察了当我们凝聚在一起，共同合作帮助学生发挥学业潜能，成为学习共同体及共同体之外积极主动的成员时，如何使教学工作更加有效、更有意义。我们通过获取学习共同体（包括教师、学生、家庭、学校以及社区）中的丰富资源来展示如何行动以形成可能的网络，使所有学生的学习更加成功。

我们提出的观点是，单靠一名教师是不可能满足现代教育中新的时代需要的。随着努力应对来自不断增加的要求学生满足特定学业标准（共同核心对立标准）的任务的挑战，国内学生在社会经济、种族、文化以及语言的多样性方面发生了巨大变化，许多来自上述多元化群体的学生成绩不佳，成就方面有显著差异（通常称作发展不均衡），而预算上的限制正影响着我们所做的许多工作。家庭构成在现代社会也在发生变革，包括双亲抚养、单亲抚养、混合家庭、祖父母、一起生活但没有亲戚关系的人、养父母以及由外来家庭成员提供重要支持来抚养的儿童。综观全书，我们交替使用了父母、父母亲、监护人以及家庭的术语来展现我们在社区内发现的不同家庭结构。我们也生活在一个互联网和数字技术使职业发生重大变化的时代，从课堂中我们所做的到课堂外所发生的都在变化。教师不再是拥有知识的独一无二的学术权威，学生、家庭及我们所有人通过键盘和鼠标就可以拥有知识。一方面，互联网将信息快捷地传递到每个人手中；而另一方面，可获取的信息迅猛增加，教育变成更为复杂的工作，因此靠个人单打独斗是很难掌控的。

上述动态变化需要建立一个教学框架，使所有学生能够从多个方面、多种资源获得专业知识与技能的支持。这要求学习领域向合作的模式转变。

伙伴关系为何重要

本书揭示了课堂、学校、家庭和社区系统是如何对学生的学习、成绩以

教育共同体：
家庭、学校、社区共育实践指南

及学校改进目标的实现产生强烈影响的，这是急需加以考察并做出解释的问题，本书旨在寻找这些问题的答案。我们思考的核心就是关注伙伴关系的重要性。"伙伴关系"（partnership）这一术语的含义是什么？我们交替使用伙伴关系（partnership）和关系（relationship）来定义当两个或更多的人（包括教师、学生、家庭、学校共同体的成员以及整个社区）凝聚在一起，共同促进学生的学习时可以也的确能够带来积极的可能性。

研究表明，对教育中人际关系的日益重视，可能会产生巨大的收益，这些收益包括在毕业率、为教育提供支持的资源、学生投入、更持久的学习、更贴近21世纪的教育目标方面的提升（Epstein，2011）。综观全书，我们强调的是教师可以通过建立关系、邀请参与的方式来整合学生、家庭、同事以及团体的不同想法、能量和共同兴趣。我们还展示了在学校共同体中关系的培养是如何突破诸如文化、种族、收入、教育、年龄等重要的人口学变量的差异（这些差异常常被认为是障碍），并且对学生的成绩产生重大影响的。此外，我们还描述了将学生个人的、社会的、文化的、语言和世界性的经历与课程建立联系的合作，是如何成为缩小成绩差距的有效工具的。

我们旨在通过建立相互联系的课堂共同体的努力来提供系统的方法，以构建学习与参与的支持联盟。它要求教师：（1）与学生建立牢固的关系；（2）有目的地支持学生与同伴建立牢固的关系；（3）巩固与家庭牢固的互惠关系；（4）与学校及整个社区建立关系；（5）准许和创建有目的性的空间供每个人加深与其他人的关系，以支持学生的学习。

本书的特点是运用了个案研究的形式。我们通过运用来自美国和加拿大的幼儿园到十二年级的许多案例来解释概念。在这些案例中，我们将会结识克里斯蒂娜·拉巴蒂（Kristina Labadie），一位来自华盛顿的四年级任课教师。克里斯蒂娜试图在共同体中寻求一种方式来为学生提供更多的学业互动以及加强与养育者的合作关系。我们还会结识莫林·朋克（Maureen Penko），他是一位来自加拿大马尼托巴省温尼伯市的言语和语言病理学家，他与教师、学生和家庭共同合作，在课堂和非结构化的情境中尽可能使用有多种功能的环境来帮助自闭症谱系儿童发展并强化他们的人际沟通技能。

此外，我们还会在每一章提供书面反思空间，供读者在阅读后反思我们所提出的观点。这些反思的目的在于深入探究书中所呈现的观点，在多数情况下将这些观点与个人的、社会的、文化的或全球性的经历建立联系。这些反思空间也是为两类读者服务的：（1）个体阅读者；（2）读者群，包括职业学习团体、读书会、大学课堂中的学生。因此，您可以根据自己的情况来阅读，并在书中所提供的空白处写下您的答案；也可以与其他人一起阅读，记录下小组反思讨论的结果。另外，我们在某些章节还有"案例探究"部分，呈现教师建立课堂学习共同体时的思考过程。每一章一般会以课堂情境中真实的场景开头，聚焦创建有效的合作关系的关键要素。我们的目的是为从事教师教育的工作者进行职前或在职培训，为职业发展工作者寻求新的改进学生学习成效的方法，为对教师进行培训的教练以及加强自身教学实践的教师提供急需的资源。后面的每一章都是为上述读者服务的。

在第二章"有凝聚力的课堂共同体"中，我们介绍了影响圈的框架，即教师与学生、学生与学生、教师与家庭、家庭与家庭、教师与学校，以及学校与社区之间的合作关系，以更好地满足不断变化的学生和家庭的多样化需要，从而支持学生在学习中的投入以及在学习共同体及之外的努力。

第三章"课堂学习中学生与家庭资源的融入"，着重将来自学生和家庭的文化、语言、个人有价值的东西视为他们在社会文化、语言文学、学术和思维技能发展方面的资源。我们根据冈萨雷斯、摩尔和阿曼德（Gonzalez, Moll, and Amanti，2005）的观点，对学生和家庭丰富的知识储备进行了仔细审视。基于研究，我们还提出了三个原则，即建立联系的重要性；使学生保持较低的压力水平；重视课堂内外学生、家庭和团体的资源。

在第四章"课堂共同体的准备"中，我们为合作关系铺垫了基础，提供了发展教师与学生、学生与学生、教师与家庭、家庭与家庭、教师与学校，以及学校与整个社区进行初步交流的策略。我们描述了确立沟通手段的方法，包括学年初的沟通、人际联系、在线展示的创建以及这些互动空间中建立合作关系的工作。

第五章"教育共同体的学业优势"关注的是课程。我们对如何使用互动空间来支持学生的学习进行了深入讨论，并列举了实践中各个方面的事例。

第六章"课堂活动中学生和家庭的赋权"提出为了交往目的建立共同体的重要性，展示了使学习透明化的课程，指出要利用家庭的丰富资源，建立家庭与学校共同的学习文化。

在第七章"课堂之外学习圈的拓展：服务性学习"中，我们讨论了服务性学习在教育中的关键作用，讨论了服务性学习是如何为学生提供基本的互动空间，来展示他们所学的东西，以及给予他们支持，将其培养成对社会有贡献的公民的。

在第八章"职业发展中的学习伙伴：学以致用"中，我们讨论了如何将本书服务于专业成长的目的，包括读书会、专业学习团体、大学研究以及其他用于此目的活动。我们提供了观察、访谈、调查以及反思任务，供个人或团体阅读并加以应用。

赋权对于个人及团队成功的意义

基于50多年对行为科学的研究，丹尼尔·平克（Daniel Pink，2009）用有说服力的证据描述了在创建我们所倡导的合作关系中所涉及的活动的动力。开展这类活动需要动机和投入，也就是平常所说的驱动力（drive）。明智的是他并未对任何一个人（如教师、学生）所需要的驱动力加以定义，而是让其适用于所有人，并且包括：

· 对于我们选择的和自主决定的事情要表达出来；

· 不断努力改进我们所做的事情，对于取得的进步获取准确的反馈；

· 参与到有意义的事情中。

如果公共教育的目标是帮助培养见识广、有自信、能力强、会合作的公民，那么我们必须创建这样的机构，让所有的参与者都能对教育实践做出自己的贡献，能够应用表达、协商、影响力和合作的技能。这意味着无论是学龄前儿童，还是管理者，每个人都要练习这些技能。借用卡尔·荣格（Carl Jung）的话来说就是，"我们是谁取决于我们做了什么，而非说了什么"。先来看第一个原则，表达心声是很重要的。在教育中，我们的实践必须表明我们对想要传递给年轻人的价值的尊重。如果我们希望他们学会关爱别人，在教学过程中就必须关爱他们；如果我们希望他们学会开放、包容、尊重，就必须保证在我们所做的所有方面展示出同样的品质。我们还必须囊括儿童在学校、家庭和社区中的所有经历，吸引各种参与者使教育发挥成效。同样重要的是，如果我们希望改进教育，就必须表明这种改进对于我们自身的实践有多重要，并在取得这些进步时进行庆祝。这些原则对于我们希望学生做什么也是适用的——努力强化他们所学到的并对他们的努力做出表扬。最后，动机层面要求我们能够看到自己所做事情的目的和意义，使我们和学生能够全身心投入到工作中。本书基于这三个相互独立的要素来创建和传递所需要

教育共同体：
家庭、学校、社区共育实践指南

的合作关系类型。

在下一章中，我们会讨论这项工作的紧迫性，以及促进多元化学习共同体的公平、机会和参与的合作类型。我们也会概述我们的框架图，也就是通过各个部分发挥作用的影响圈。

参考文献

Comer，J.（2004）. *Leave no child behind:Preparing today's youth for tomorrow's world.* New Haven，CT：Yale University Press.

Epstein，J.（2011）. *School，family，and community partnerships：Preparing educators and improving schools*（2nd ed.）.Philadelphia，PA：Westview Press.

Gonzalez，N.，Moll，L.C.，& Amanti，C.（Eds.）.（2005）. *Funds of knowledge: Theorizing practices in households，communities，and classrooms.*Mahwah，NJ：Lawrence Erlbaum.

Pink，D.H.（2009）. *Drive：The surprising truth about what motivates us.* NewYork，NY：Penguin Books.

第二章

有凝聚力的课堂共同体

要想了解一个社会的灵魂，就看这个社会是如何看待儿童的，没有比这更好的办法了。

——内尔森·曼德拉（Nelson Mandele）

> 教师以什么方式看待共同体对于课堂的成功至关重要吗？

尽管人们对公立教育意见颇多，但有一点是能够达成共识的，那就是我们都希望学生能够感受到成功，并且获得成功。十几年来，成功一直受到联邦和各州确立的问责标准的影响。这些标准告诉学生、父母、教育工作者以及地方、州和联邦委员会，要想学生在学校获得成功，我们会期望学生知道什么、会做什么。我们对基于标准、结果导向、年度州评、年度进步目标（AYP）非常熟悉，以至于这些教育术语已经成为我们工作中的日常对话内容。对于某些学生群体而言，这些标准能够行得通，而对另一些学生来说，这些标准却导致了持续的危机状态。不幸的是，这些结果一致表明学校只是在为某些学生服务，而非所有的学生。图2.1是2011—2012年美国学生毕业率的统计图。由图可以看出，不同学生群体之间存在显著差异。

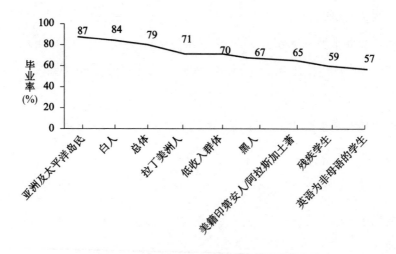

图 2.1 2011—2012 年美国学生毕业率

资料来源：美国教育部（2015）

这里有一种思考两难困境的方法：想象自己是一名学生，要设法成功地满足课程要求和要达到的成绩标准。我们有些人可能不太关心，因为知道自己在学校做得很好，对参加考试不会太担心。事实上，一方面，有些人很喜欢考试这样的机会。我们的竞争精神甚至会驱使我们不仅要达到标准、满足要求，而且要在可能的范围内最大程度地掌握好知识。另一方面，有些人可能会有完全不同的反应，尤其是那些在学校一直有困难，或者认为退学是最佳选择的学生。对于这些在实际中感觉受挫、不能在高风险评价和外界压力下学习的人来说，应该怎么办呢？

对于学习困难的学生，通常的解决办法是多花些时间来辅导他们，弥补其在技能方面的不足（有些人也称作应试教育），或者参加额外的补习（也称作课外班）。一些课外班暑期学校、全年制学校的备考课程通常会采用这种做法。同样流行的一种观点是班级大小会发挥作用，课堂/班级应该尽可能小，因为有研究表明，起码在小学阶级，越小的班级，越能带来有效的教学和学习（北卡罗来纳州公立学校，Public Schools of North Carolina, 2000）。尽管我们知道这些补救措施的动机是好的，但它们并未带来预期的长久效果。

对于一些学生而言，这些补习产生了更大的压力、额外的计划和与班级同学的分离，更重要的是，对下面两个要素并未产生足够的成效：

（1）主动学习（也称为"做中学"）；

（2）情绪上的投入（关心和被关心）。

建立伙伴关系的重要意义

显然，教育需要革新。事实上，下面的例子并非我们最先期望看到的，不过，这个事例是很有影响力的，在这一点上我们认为您会同意我们的观点。2009年，当马萨诸塞州的警察迈克尔·曲妥纳（Michael Cutone）作为任期内驻扎在伊拉克的特种兵返回美国时，他就开始着手在马萨诸塞州斯普林菲尔德市的布莱特伍德地区强制执行法律。该地区的问题相当复杂，为犯罪率和暴力问题所困扰。斯普林菲尔德曾是篮球、《韦氏词典》、早期老式汽车、斯普林菲尔德步枪的发源地，昔日繁荣时期制造业方面的工作机会充足，而由于制造业工作机会的减少，此地遭遇了严重的经济衰退（已经持续40多年，而且还在延续）。

由于犯罪率高、市政服务缩减，布莱特伍德地区的情况正变得相当严峻。该地区还被毒品交易、团伙暴力、全美海洛因最低价的名声困扰。据曲妥纳所言，当他第一次来到这个地区时，犯罪行为非常普遍，窃贼可以进入商店和加油站拿走他们想要的东西，却没有人报警。更为严重的是，毒品交易者和团伙会公开作案，而普通市民则大多置身事外。

曲妥纳指出，这个地区处于衰败或交战区的状态，与他最近服役经历中所熟悉的情形一样。对曲妥纳来说，有意义的是可以利用部队在伊拉克所用的成功策略。这些策略包括通过建立关系、争取一般民众和团体领袖来收集信息，做法是关心他们的问题，为他们提供帮助。他相信，如同在伊拉克一样，这些建立共同体关系的努力在斯普林菲尔德也可以奏效。

他制订了一项行动计划，包括最大限度地利用警察与社区群众之间的个人联系，做法是在街上走动，去拜访居民，与居民举办小镇会议，与商界领袖和社区知名人士（如政治家、医疗与住房领域的代表、教育工作者）会面。他的使命就是促进大家协同工作，解决社区的犯罪问题。他相信，与他们建立合作、全面的伙伴关系，对于打击犯罪有重要作用。理由是什么呢？

建立伙伴关系的多种努力，创造了对话和交流的机会，有助于社区的利益相关者最大限度地解决他们每个人的问题，尤其是警察自己的问题。努力的结果引人注目，成效可观。根据警方的数据，自从这项倡议开始实施后，暴力犯罪降低了25%，毒品犯罪下降了50%（CBS News，2013）。第二个益处是垃圾、胡乱涂写和性传播疾病发生率的降低，学校学生出勤率增加。正如曲妥纳在《60分钟》（60 Minutes，CBS News，2013）的电视节目中接受采访时所解释的那样，与社区建立强有力的合作关系，为了共同目标赢得社区的支持，使得本来不可能发生的事成为可能。当批评者质疑警方替代本应属于政府和社会服务机构的职能是否妥当时，曲妥纳的回答是，"但这是我们一直做事的方式"，"为什么警方不能与社区建立合作？警方对社会治安的管制现状并不起作用"。这个回答引起了那些依旧持怀疑态度的人的关注。

教育状况不容乐观

州警察曲妥纳知道通过建立合作关系来建立社区信任是最重要的。此外，他懂得所需要的合作关系类型不会通过给人们施加压力而产生，相反，这些重要的人际关系要求与人们以伙伴关系开展工作。正因如此，他与社区建立了对话和伙伴关系。他的做法是：挨门逐户去拜访，在邻里走动中结识周围的人。他还做了另外一件事情，即将社区各类成员召集在一起解决问题，分享各自对于周边发生的犯罪问题的看法。利用这些信息，他对社区的社会关系作了详细规划，以便更加有效地满足作为职业工作者的角色挑战。

如同曲妥纳对合作关系所持有的信念一样，我们也相信教学工作只有通过建立合作关系才能取得成功，这种合作可以利用课堂内外的资源，尤其是教师、学生、家庭、学校以及社区。培育合作关系对于学生的成功十分重要。下面我们通过反思来仔细审视一下这些可能性。

反思活动

反思时间：请反思下面的问题并写下您的答案。

1. 州警官迈克尔·曲妥纳在布莱特伍德的经验，对您理解如何与下面这些群体建立合作关系有什么启示？

a. 与学生：

b. 与家庭：

c. 与学校的同事：

---

2. 您会如何将曲妥纳的经验运用于课堂中解决以下三种问题：

a. 增加家庭对课堂活动的参与；

b. 培养学生的家庭作业习惯；

c. 解决长期的缺勤问题。

描述这些活动的目的。

3. 如果您准备召集学校共同体成员来支持您的工作，您会确保让哪些人来参加？为什么？

对相互联系的影响圈的理解

图2.2运用示例图的形式说明了各种关系类型，这对理解建立学校共同体所需的人际关系是有帮助的。这立足于我们的核心信念，也就是说当我们能够向学生证明同伴、教师、家庭、学校以及整个社区尊重并关心他们，很想了解他们在学生的角色之外更多的东西时，他们能够学得最好。这让学生能够对成人和同伴更加信任，与后者分享信息，并将之作为他们学习与合作的情感基础，最终提高学习成效。此外，学生所在课堂能够形成这样的观念，即学生、家庭、学校以及整个社区是相互关爱、信任、有联系的影响圈，那么学生就能学得最好。我们认为，这些群体不应该分割开来，因为当他们协同工作时，学生在人际交往和学业方面成长的可能性和潜力就会迅

速提升。正因如此，我们用"影响圈"（spheres of influence）来反映有关的内容。

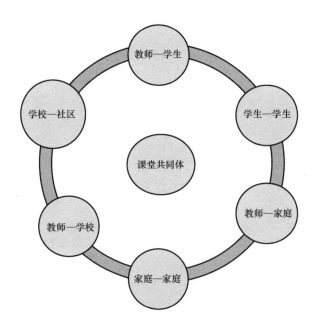

图 2.2　影响圈：围绕课堂建立共同体

影响圈之间的关系及教育的改进

著名社会语言学家和心理语言学家詹姆斯·格（James Gee，2009）指出，将读写能力理解为共享、合作、交往和文化的成就具有重要意义。探究这些影响圈时，一个重要的概念就是它们与参与民主社会生活所需的知识提升和技能培养之间的联系（Alexander&Alexander，2012；Shields，2011）。课程标准如美国《共同核心州立标准》（the Common Core State Standards，简称CCSS），概括了已确定的对学生成绩至关重要的知识与技能。不过，确立这些标准的主要目的并非针对同样紧迫的建立公民配合与协作的共同体目标。也就是说，它们并未给我们提供帮助学生学习、交往和相互合作的途径与方法。为这些目标创造机会，可以使学生承担的学习共同体及之外的主动学习者和公民的角色得到锻炼。

对这项工作同样重要的是，我们需要懂得我们的学生群体已经发生了很大的变化，并且这种变化仍在不断发生，这使得共同体的创造更为复杂。农村、郊区和城市地区在种族、文化、民族、经济和语言等方面已经走向多元化，这也在文化的日益全球化方面得以体现。除了帮助所有学生通过国家确定的评价标准，使之符合统计指标的要求外，我们还必须营造民主、反映多元文化的课堂共同体，尊重学生和家庭所拥有的不同个性的、文化的、社会的和全球的经历。

学习的社会要素，即以情感维系的人际关系，远远超出被控制或胁迫甚至是用物质刺激鼓励的行为，它是将学习共同体与韧性、承诺融为一体的。如果我们将有效的教育比作烘焙的艺术，那么人际关系代表的是必不可少的融合剂——鸡蛋和黄油，正是因为鸡蛋和黄油，我们才能够烘培出美味的甜点，而不仅仅是一碗高品质的食材。

如果我们希望改善基于相互尊重和关心所建立的公民社会，那么提升合作关系就比以往更为重要和迫切。与学生一道并在学生中建立伙伴关系应该是每个课堂的核心要义。在公立学校培育共同体，最终是能够对彼此负责，并对共同生活的社会负责任的公民进行培养。它本身就是有价值的目标，同时也是实用的目标。学习共同体的成员会更加有效地学习。

师生之间伙伴关系的重要性

约翰·海蒂（John Hattie，2008）对教育研究中影响学生成绩的主要因素进行了大规模的元分析。在他所研究的138种影响因素和效应中，师生关系以及反馈位列前8%。对该发现的仔细分析表明，信任关系是取得成功的关键。由于我们中的很多人并不能代表学生的种族、文化、经济和语言背景，因此我们必须更加主动地思考我们能够做什么以确保自身与学生建立的伙伴关系是有意义的，对他们是有用的。正如本书一直在讨论的，这类关系的建立在很大程度上依赖于我们对学生个人的、文化的、语言的、社会经济的和全球经验的理论上的领悟，以及基于这种理解所建立的学习共同体。

学生之间影响圈的重要性

海蒂的发现还表明，同伴之间的合作学习在影响学生学习成绩的因素和效应中位列前17%。尽管这一点需要重点考虑，但是我们也需要理解全国人口正在发生的变化，即我们的人口正变得越来越种族多样化，正如图2.3中所呈现的那样。此外，这十几年中，国内学校中英语为非母语的人数一直在迅猛增长（国家教育统计中心，National Center for Education Statistics，2013）。这些改变应该引起我们的紧迫感，以便我们能够更好地理解学生多元化的身份、信仰和经历。

尽管所有学生都会经历家庭和学校文化之间的差异，但是对于少数族裔的学生来说，这些差异会更明显，这在很大程度上影响着他们的学业成绩（Gay，2005；Tyler et al.，2008）。对公立学校工作的研究表明，主流的文化信念强调个体主义和竞争，与少数族裔的集体主义信念是有差异的。个体主义文化（包括美国主流文化）倾向于将学生之间的互动降到最少，更喜欢受掌控的安静的课堂，期望学生自主学习，欣赏独立与竞争（美国心理学会，American Psychological Association，2003；Tyler et al.，2008）。这些文化的价值观和信念有别于那些支持集体主义制度下相互依赖、相互联系的价值观和信念。尽管每一个少数群体都有自己生存和做事的方式，但是集体主义的基本信念在所有人数比例不高的少数群体中都能看到（Tyler et al., 2008）。我们之所以需要对同伴互动多加关注，是因为研究表明同伴互动对所有学生而言都是重要的学习方法，而且意义远远超出了其本身（Cohen & Lotan, 2003）。同伴互动也更符合所有非优势人群的文化。

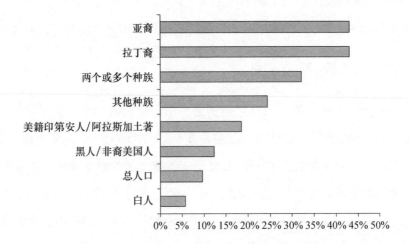

图 2.3 2000—2010 年美国全国人口增长模式

资料来源：Humes, Jones, & Ramirez（2010）

加强学生之间积极的人际情感氛围具有激励作用，这正如培养儿童的好奇心与对同伴的兴趣一样。詹妮弗·米尔顿（Jennifer Melton）是哈迪威尔小学（Hardeeville Elementary School，简称HES）的教师，教授英语为非母语的学生（English to speakers of other languages，缩写为ESOL）。她强调当学生被孤立时会产生一些复杂的问题。在她的学校里，一些英语为非母语的学生会离开本年级学生的课堂，去接受第二语言的学习。詹妮弗发现，英语流畅的学生想去他们的同伴所在的课堂，并且会被安排参加每学年末的英语为第二

教育共同体：
家庭、学校、社区共育实践指南

语言的课程。正如我们将会在下面看到的，学生们想早点过去，并频繁地询问詹妮弗他们多久才能过来。

案例探究

詹妮弗·米尔顿

一名接受普通教育的二年级学生问道："我们什么时候可以去讲其他语言的学生的英语课堂？今天可以吗？"作为ESOL教师，我回答道："你们可以在第四学期过来。记住，在所有测验结束之后。""那意味着我们明天或下周可以去吗？""不，要到五月，第四学期。"我通常都会这么回答。

一般而言，类似这样的对话每周至少会发生一次。学生对于这个被称作ESOL的迷人的地方非常好奇。"那里是什么？它是什么样子？为什么有些孩子要去而其他人不去？我想去。我喜欢ESOL课堂上的活动和待遇。"这些是接受常规教育的学生心里发生的一些变化。

正如学生一直对此好奇一样，他们对于这种精彩的课堂也有一些误解，即课堂上学生对有机会上这样的课会非常兴奋。不止在一个场合，几个一年级学生公开问道："你为什么只让讲西班牙的孩子来？为什么不让其他孩子来？"听到这些问题会让人难过，因为学生们把不能来上课视为失去了机会。我回答道，"你必须懂得两种语言"。有时学生会说他们懂得两种语言，而且他们会用一些回忆起来的西班牙词汇回答。

詹妮弗在一所非常多元化的学校工作。根据所在学校的资料，她在报告中写道，"学生群体中51%是非裔美国人，33%是拉丁裔，15%是白人，1%是亚裔"。詹妮弗想方设法实现将学生们凝聚在一起的目标。用她的话来说，她将所教的两种ESOL课堂描述为"拉出来"（pullout）和"推进去"（push-in），前者是学生离开普通课堂与她一起工作，后者是她去普通课堂与学生一起工作。

她声称如果没有致力于支持学生共同学习和工作这样更大的目标的话，两种课堂都有可能出现问题。

我们和学生的合作需要有文化意识，否则，在未来的日子里就会引发学生之间的冲突。ESOL教学的"拉出来"与"推进去"可以成为争论的观点，使实际的干预成效逊色。因此，重要的是要在大规模范围内与ESOL教学互动，以支持（对于不同态度和价值观的）文化意识。

她描述了将不同学生群体凝聚在一起所作的努力：

在学校的最后几周，接受普通教育的一年级和二年级学生，可以与英语为第二语言的朋友一起学习。英语学习者和接受普通教育的学生，以同伴小组的形式共同参与计算机活动、拼读活动、读者剧场以及与音乐内容有关的活动。

詹妮弗对接受普通教育的学生参加专门为英语学习者设计的课程的成就进行了讨论。她还提出一些重要的问题，即如果没有这样的机会，那么会失去什么。

接受普通教育的学生喜欢被关注和被认可。英语为第二语言的学生喜欢有机会分享他们的第二语言课程和文化。接受普通教育的学生会对有语法和词汇的课程感到惊讶，每次他们都会谈论到，自己在听说可以用西班牙和中文这样的语言来获取新的学术概念时感到吃惊。接受普通教育和英语为第二语言的学生做出的反应似乎是，由于合作学习他们知道了更多的东西。

如果没有这个学年末的机会，那么学生就不可能对合作有更好的理解，也不会感觉心情激动。例如，由于这种合作，二年级的学生不会询问哪个学生要参加，原因是什么。通过参与第二语言的课程，学生能够充分意识到两种语言的特征和它们所包含的意义。此外，学生群体之间的隔阂会更少，这种情况能够在整个年级和课堂中持续下去。

英语为第二语言的学生的学习热情不应该由于这样那样的原因降低，学生应该能够在教育中相互支持。教育并非排他的或是精英人物的商业冒险。

教育共同体：
家庭、学校、社区共育实践指南

我们是在群体环境中学习的美国人，我们的学生也不例外。我们应该让学生具备在多元化背景下（包括学年末的第二语言课堂）分享、互动、合作学习的能力，这样我们就能热情期盼第二语言课堂带给我们回报的那一天，就像哈迪威尔小学的许多学生那样。

反思活动

反思时间：请反思下面的问题并写下您的答案。

1. 在您的工作环境中，或您所了解的幼儿园到十二年级的学校中，接受普通教育的学生在物理空间或教室内与有特殊教育需要的学生互动吗？学生受到了一号条款（Title I）、阅读或数学方面的支持吗？英语学习者接受双语或英语语言发展教学吗？

□是

□否

2. 如果答案为是，请描述这些空间是如何将接受普通教育的学生囊括进来的。

3. 如果答案为否，请讨论一下如果拥有这些机会，您会看到哪些益处。

除了对学生的合作给予支持外，我们的合作关系框架还会密切关注与家庭的合作。考虑到学生的情况会截然不同，因此与家庭的合作就尤为重要。

家庭参与的重要性

居住在极度贫困地区的学生和家庭比例的上升（全国教育统计中心，National Center for Education Statistics，2014）以及全国贫困人口的长期辍学（Balfanz & Byrnes，2012），重新开启了国家对于建立有效教育计划的兴趣。另外，引人关注的辍学率问题不断带来挑战，尤其是拉丁裔、黑人和美籍印第安人学生，引发了人们对于美国学校的极大关注（National Center for Education Statistics，2014）。英语为非母语人口的增长（National Center for Education Statistics，2013），也促使我们迫切找到更为有效的方法，以对全国公立和公立特许学校的学生进行教育。尽管建立标准（如《共同核心州立标准》）可以帮助教育者对于期望学生知道什么、能做什么达成共识，但是仍需要在更大程度上重视推进学生、教师、家庭、学校以及社区共同参与到教育学生的巨大工程中来。基于一些重要的原因，我们必须做好这件事情。

理论上，我们懂得家庭和学校建立密切联系的重要性。也就是说，作为教育工作者，我们在一定程度上期待家校合作。家长会、开放日、学校戏剧表演和其他表演类的活动以及家委会是国内学校普遍的常规活动（Zacarian，2011；Zacarian & Haynes，2012）。事实上，当您阅读那些活动清单时，很可能对每种活动都有印象，并且能够详细描述出来。在这方面，全国的学校都是一致的，就像家得宝连锁店一样。无论是在佛罗里达州还是加利福尼亚州，家得宝的标识都是一样的，商店的陈列（就电器设备、家用电器、水暖设备、园艺以及其他所售商品而言）似乎也是相同的（可能是有意的）。

不过针对教师对于父母参与态度的研究表明，在这些被教师高度控制和管理的场合之外，教师期望父母的参与程度有显著差异（Henderson，Mapp，Johnson，& Davies，2007）。爱泼斯坦（Epstein，1986）进行了一项有关父母对孩子所在学校态度的研究，影响深远，常被人引用，该研究为我们提供了关于这一话题的重要见解。该领域最近的工作都在强调这一研究的观点。在这项研究中，来自不同教育经历的父母（从没有高中文凭到大学毕业的）都说他们对孩子所在学校的感觉良好，相信学校会处理好。不过，他们也有以下看法：

· 教师可以做更多的事情让家长参与进来。
· 教师与父母的关系大多是以传递信息为主。
· 父母感觉对于年龄较大孩子的学校功课不能像对年幼孩子一样提供帮助。
· 教师可以做更多的事情来向父母展示如何帮助上学的孩子。（Epstein，1986）

尽管这些发现对于我们与父母建立伙伴关系有非常重要的参考价值，但是家庭与学校紧密联系的最重要理由也许是学校和家庭系统对于儿童发展的影响（Bartle-Haring，Younkin，& Day，2012）。这传递了一种信息，即学生可以成为所在学校的主动学习者和成员。儿童与家庭、学校发生互动，对于这两种环境之间的联系，我们可能没有考虑到，因此我们应该予以考虑。此外，我们应该想到学生在校外确实要度过比校内更多的时间，同时我们与家庭的合作关系对于学生的成功十分重要。

教师与家庭建立合作关系的挑战以及应优先考虑的事情

在认识到与家庭的合作关系是一个重要目标的同时，我们还必须意识到作为专业工作者在有效实现该目标时会面临的限制。首先，大多数教师的教育计划并未提供这一重要方面的培训（Caspe, Lopez, Chu, & Weiss, 2011）。我们往往会根据自己对教育者角色的假设，参考同行、其他人以及工作中的经验来学习与父母合作。这种边做边学的工作方法会带来很多风险和问题。

同样复杂的因素还包括我们的学校在经济社会、种族、文化和语言方面正变得越来越多元化，许多家庭接受的教育比我们要少很多，可以获得的资源有限（Hollins & Guzman, 2005）。我们也没有太多与同自己不一样的人合作的经验（Hollins & Guzman, 2005）。比如，我们的教师队伍中有多少人是在贫困中长大的？此外，许多在贫困城市或乡村地区面向有色人种的教育从业者被迫快速投入到这些群体的教育工作中，而没有经过所需的充分的培训和准备（Zeichner, 2012）。但这并不意味着我们不能学会与生活在贫困地区的家庭，以及来自与我们不同的社会经济、种族、文化、语言背景的群体开展有效合作。事实上，我们的核心观点是我们必须学会与这些群体合作。当我们为了这种主动的、投入的参与和活动而组织课堂共同体时，对学生的益处会大大增加。

为了做到这一点，我们必须考虑多数和少数学生所在的各种团体（家庭、学校、社区等），仔细思考我们正在建立的合作类型，以巩固这些团体之间可能存在的相互联系。我们还必须考虑多数学生参与而少数学生不参与的活动（如城镇或城市运动项目、女孩和男孩童子军等）。为什么要这么做？这是因为我们的学生并非生活在真空中。他们在校内外获得的关于现实世界的经验是学习的基本元素。重要的是，家庭和学校要对学生在学校和家庭中面临的挑战与获得的成功进行密切沟通，建立伙伴关系，共同支持学生的发展。

反思活动

反思时间：请反思下面的问题并写下您的答案。

1. 描述两种您所见过的父母与学校相互联系的方式。

a.

b.

2. 想想您的父母在您是小学生、初中生和高中生时参与教育活动的方式。他们是否注意到当您长大后参与减少了？这些参与的改变有什么优势和不足？

对家庭之间影响圈的理解

尽管学校与家庭的合作关系十分重要，但对我们来说盘点一下谁会参与、谁不参与是有益处的。这类评估的目标就是探究不同观点对于合作关系的理解，从而形成我们自己在特定环境下有充分依据的观点。此外，正如我们期望学校促进民主原则的提升一样，家庭与学校的合作不会孤立地发生，家长群体也不容易意识到。

有些家庭可能会觉得他们不会受欢迎，没有选择，或者会被其他家庭拒绝（Henderson et al.，2007；Zacarian，2011，2013；Zacarian&Haynes，2012）。另一个同样复杂的因素是，有些家庭会觉得他们不应该干预学校，因为这并非他们的角色要做的事情。尽管存在这些困难因素，但是采取措施支持家庭之间的互动还是非常值得的。家庭是提供支持、配合和合作的重要资源。当我们支持他们时，这些合作关系会增强。为了做好这一点，就要求我们更加密切关注涉及种族、社会经济、语言及文化差异时的平等问题。

平等问题涉及的一个重要方面可能是主张个体主义与竞争的美国主流文化与代表集体主义文化的家庭人口的增长之间的差异。下面是假设的两种文化发生作用的一个小事例。

某所学校正尝试通过面包或糕饼的售卖活动来为田野旅行募集资金。来自美国主流文化的个体会自己烘焙糕点，希望他们烘烤的东西能够卖得最好。而来自集体主义文化的群体则聚集在一起烘焙东西，共同售卖所烘焙的物品。对于来自集体主义文化背景的家庭，该活动的交流过程（process）是很重要的，而来自美国主流文化的人关注的是结果（products），即所烘焙的物品。

我们要对自己创立的需要合作和交流的活动方式仔细进行审视，这很关键，也是我们需要面对的挑战。例如，需要考虑一下以什么方式来引导父母了解孩子的学校。在某些学校，这意味着只是让父母去完成各种注册表格（Zacarian，2011）。如果我们去考察这个过程，就会发现这样的做法缺乏合作或交流的内容。亨德森等（Henderson，2007）提醒我们，要注意到家庭之间合作的重要性，可以通过诸如六周的注册方案来帮助家庭注册并成为学校共同体中的积极分子。除了介绍办学和学业目标、目的外，这些活动在将不同群体凝聚在一起工作和交流方面的价值也十分重要。

反思活动

反思时间：请反思下面的问题并写下您的答案。

1. 提供2~3个来自不同种族、社会经济、语言和文化背景的家庭合作与共同工作的例子，包括这些活动的目标。

a.

b.

c.

2. 在举办这些活动时，您是如何考虑到不讲英语的家庭的？

3. 您注意到这些活动的挑战是什么了吗？您会如何解决它们？提供一两个例子。

教师与学校是相互联系的影响圈

正如家庭与学校之间的伙伴关系一样,教师与其所在学校的伙伴关系也是一个重要的因素。我们必须牢记:在追求学生成功的道路上,我们不是在孤军奋战。由于各种原因,获得与寻求支持是很重要的,其中一个重要的原因是,这会向学生及其家庭传递一个信息,即他们在学校中的身份会延伸到课堂之外,甚至会跨越年龄、年级,这是因为一个由教育工作者组成的团队会无条件地理解和关心他们。

学校与社区是有重要联系的影响圈

尽管我们相信学校与整个社区之间是存在联系的,但是我们可能会觉得没有时间开展这类活动,或者认为这是别人的责任,如校长、督导或对外联络人员。学校与社区之间的合作活动应该成为我们所做工作的核心部分,因为它代表的是相互联系的类型,最重要的是,我们认为它是起作用的核心要素。下面是实践中学校与社区的联系产生影响力的一个例子。当您读到它时,请考虑一下教师、学生、家长、学校以及社区之间的合作可能性。

案例探究
学校共同体与社区

一群不会讲英语的难民孩子,就读于郊区的面积较大的一所小学。当这些学生进入该地区的初中时,其英语水平已经很流畅了,不再需要接受英语为第二语言的双语支持或教学。上了高中,他们常常会逃学。有一天,一位生物老师询问高中的第二语言教师为什么该群体会逃学。尽管这位生物老师不了解学生,但是她发现他们会来学校吃早餐和午饭,吃完饭后就离开学校。

她与该地区负责双语计划的主任取得联系,寻求帮助。主任与学生家长以及他们的小学、初中第二语言、双语课和其他课程的任课教师取得了联系。这些老师建议与学生团体中的某些成员进行联系，包括学生中的主要领导以及他们信任的其他家庭成员。来自这些群体的成员建议召集由家庭、信任的领导、小学教师、初中教师、高中教师、管理者以及中心办公室工作人员组成的会议。

像州警察迈克尔·曲妥纳对犯罪预防的处理一样，在召集会议时，他们设计了让学生留在学校的方案。活动之一就是以前的小学老师来高中与学生一起吃早餐与午饭，因为他们与学生建立了牢固的信任关系。另一个方案是调整学生的时间表，让他们在学校的第一节课担任英语初学者的指导老师。教师、管理者、社区成员也与这些学生的高中老师一起工作，建立与学生的信任关系，使用同伴合作（peer-peer）的教学方法。同时，学校与家庭、社区紧密合作。在短时间内，所有学生都返回学校。他们最后都通过了国家的英语语言艺术和数学测验，顺利毕业，并上了大学。很多学生在谈论到自己之所以在学校留下来并获得成功，是因为他们接受了这些来自不同团体的关心和支持。

小　结

本章中，我们讨论了全国人口结构发生的快速转变，以及某些少数族裔学生的不同情况。我们介绍了影响圈的框架，指出迫切需要建立教师与学生、学生与学生、教师与家庭、家庭与家庭、教师与学校以及学校与整个社区之间的合作关系，以便能够更好地满足学生与家庭人口中发生的巨大变化。

在下一章中，我们会认真审视来自学生和家庭的文化的、语言的、个人的资源，介绍基于研究得出的关于建立联系、降低学生的压力水平、重视课堂内外有价值的人和资源的原则。

参考文献

Alexander, K., & Alexander, M.D.（2012）.*American public school law*（8th ed）. Independence, KY, Cengage.

American Psychological Association.（2003）.Guidelines on multicultural education, *training, research, practice, and organizational change for psychologists.American Psychologist*, 58, 377–402.

Balfanz, R., & Byrnes, V.（2012）.*Chronic absenteeism: Summarizing what we know from nationally available data.Baltimore*, MD: Johns Hopkins University, Center for Social Organization of Schools.

Bartle–Haring, S., Younkin, F.L., & Day, R.（2012）.Family distance regulation and school engagement in middle–school–aged children. *Family Relations*, 61, 192–206.

Caspe, M., Lopez, M.E., Chu, A., & Weiss, B.（2011）. *Teaching the teachers: Preparing educators to engage families for student achievement.*Harvard Family Research Project Issue Brief.

CBS News.（2013, May 5）.Counterinsurgency cops: Military tactics fight street crime.*60 Minutes.*

Cohen, E.G., & Lotan, R.A.（2003）. Equity in heterogeneous classrooms.In J.Banks & C.Banks（Eds.）, *Handbook of multicultural education*（2nd ed.）.New York, NY: Teachers College Press.

Epstein, J.（1986）.Parents' reaction to teacher practices of parent involvement.*Elementary School Journal*, 86, 277–294.

Gay, G.（2005）.Politics of multicultural teacher education. *Journal of Teacher Education*, 56, 221–229.

Gee, J.P.（2009）.*A situated sociocultural approach to literacy and technology.*Arizona

State University.

Hattie，J.A.（2008）.*Visible learning：A synthesis of over 800 meta-analyses relating to achievement.*New York，NY：Routledge.32 In It Together

Hollins，E.，& Guzman，M. T.（2005）. Research on preparing teachers for diverse populations. In M. Cochran & K. M. Zeichner（Eds.），*Studying teacher education: The report of the AERA Parent on Research and Teacher Education.* Mahwah，NJ: Lawrence Erlbaum，477-548.

Humes，K. R.，Jones，N. A.，& Ramirez，R. R.（2010）. *Overview of race and Hispanic origin: 2010.*

Lawrence-Lightfoot，S.（2003）.*The essential conversation：What parents and teachers can learn from each other.*New York，NY：Random House.

National Center for Education Statistics.（2013）.*Table 204.20：Number and percentage of public school students participating in programs for English language learners，by state：Selected years，2002-03 through 2011-12.*

National Center for Education Statistics.（2014）.*Concentration of public school students eligible for free or reduced-price lunch.*

Public Schools of North Carolina.（2000）. *School size and its relationship with achievement and behavior.*

Shields，D.L.（2011）.Character as the aim of education. *Phi Delta Kappan*，92（8），48-53.

Swanson，C.（2011）.Nation turns a corner. *Diplomas count 2011：Beyond high school：Before baccalaureate.*

Tyler，K.M.，Uqdah，A.L.，Dillihunt，M.L.，Beatty-Hazelbaker，R.，Conner，T.，Gadson，N.，...Stevens，R.（2008）.Cultural discontinuity：Toward aquantitative investigation of a major hypothesis in education.*Educational Researcher*，37，280-297.

U.S.Department of Education.（2014）.*Public high school four-year on-time graduation rates and event dropout rates：School years 2010-11 and 2011-12.*

Zacarian, D.（2011）.*Transforming schools for English learners：A comprehensive framework for school leaders.*Thousand Oaks, CA：Corwin.

Zacarian, D.（2013）.*Mastering academic language：A framework for supporting student achievement.*Thousand Oaks, CA：Corwin.

Zacarian, D., & Haynes, J.（2012）.*The essential guide for educating beginning English learners.*Thousand Oaks, CA：Corwin.

Zeichner, K.（2012）.*Two visions of teaching and teacher education for the twenty first century.*Dartmouth, MA：University of Massachusetts, Dartmouth, Centre for Policy Analysis

第三章

课堂学习中学生与家庭资源的融入

学校对儿童的关爱方式，会在如何关心儿童的家庭中体现出来。

——乔伊斯·爱泼斯坦等（Joyce Epstein et al., 2009）

> 学生和家庭在建立学习共同体方面拥有丰富的个人的、文化的、语言的资源和财富。形成这样的观念十分重要，为什么呢？

欧内斯特·康克林（Ernest Conklin）是小城市的一名高中生物老师。他所在班级正在进行有丝分裂和减数分裂（细胞分裂过程）的单元学习。他将班级分成四个小组，要求每组创作一张有关这些概念的海报。美国的校园开放日，也称课程之夜（Curriculum Night），指在某个晚上父母可以了解孩子的日常安排以及孩子正在学习的特定科目的课程目标。在学校的课程之夜，学校期望父母能够：（1）了解学习单元的内容；（2）欣赏学生制作的海报；（3）了解下一单元的学习内容。如果我们从局外人的角度来审视欧内斯特的生物课和父母的课程之夜，我们会注意到一系列的行为。

在观察合作学习小组中的学生时，我们发现有些学生与他人相处融洽，而有些学生会有礼貌地与他人争辩，还有的会唇枪舌剑。此外，我们还注意到一些学生主动参与到海报的制作过程中，而一些学生相当被动，几乎在袖手旁观。我们还观察到有几个空着的座位，说明这些学生可能长期翘课。如果我们审视一下欧内斯特让学生参与的活动，就会看到一般情况下他会自己授课，要求学生听讲并做笔记。他主要依靠课程教科书中布置的任务，这些任务包括实验室实验，涉及对细胞的组成部分进行识别和标记，复习专业词汇，以及由多项选择、填空和回答批判性思维问题组成的小测验（单独进行或两人一组完成）。在参加课程之夜时，我们获知欧内斯特认为能有30%的家长参加就够幸运的了。

上述行为和结果对我们许多人来说可能再熟悉不过了。尽管我们希望学生及其家庭参与我们所做的事情，但是对我们来说实现这一目标是有难度的。有些人可能会认为应该在课堂中停止使用合作学习小组，因为小组学习会给课堂上学生行为的管理带来很多压力，难以保证每个学生在小组指定的作业或任务中保持积极主动。我们可能会更多地采用讲授法，正像美国的很多中学一样，并认为它是一种效率更高、效果更好的形式（Foote et al.，2004）。说到反思，我们可能会发现，对很多人来说欧内斯特在课程之夜扮演的角色都非常熟悉。他的讲稿与下面的内容有点相似：

欢迎各位家长的光临。很高兴诸位来参与第三阶段的生物课程。我们刚刚学完生物课本上细胞生命周期和繁殖这一单元的内容（他把学生使用的生物书举了起来）。在课堂上，孩子们一直在学习细胞生命周期的各个阶段，即有丝分裂、减数分裂以及繁殖过程。在本单元中，孩子们创作了关于有丝分裂、减数分裂的精美海报（指向墙面）。请在离开前欣赏一下您的孩子制作的海报。下一单元的学习内容是生命周期的遗传模式，我们将会探究染色体的重要性。

像欧内斯特一样，我们可能会发现自己并未真正从合作关系中学生的潜能和课堂共同体的各种资源等方面来考虑诸如课程之夜这样的事。欧内斯特所做的是我们所知道的教师作为权威的常规或传统做法。

互动的重要性

在本章中，我们将要考察传统做法之外利用学生和家长群体的财富和资源的办法。我们将会通过教师与学生、学生与学生、教师与家庭、家庭与家庭、教师与学校、学校与社区的互动框架的图式寻求解决办法。我们使用"图式"（schema）这一术语，指的是必须有目的地创建互动空间。20世纪最有影响力的教育哲学家之一约翰·杜威曾讨论过主动参与（active）的重要性。他致力于通过"做"（doing）的行为来推动学习，而不是把学生视为空的容器，需要无所不知的教师去填充。做中学在哪种情形下会发生呢？答案是人际互动，在很多的互动中都会有学习的过程。事实上，世界著名教育语言学家保罗·内申（Paul Nation，2001）指出，各种互动实践机会具有重要意义，它们是提升读写能力和文化共同体中成员身份的重要手段。在学校情境中，我们认为教育借以发生的文化要求我们重新考虑互动空间，这是我们必须为每个人创建的使个体能够积极参与的互动类型。在第二章中，我们提供了这些互动空间的一个框架。在本章中，我们会解释其中所包含的重要的活动类型（这里是指互动）。

为了解释学习共同体中主动参与的含义，让我们再回到欧内斯特的课程之夜中欢迎家长出席孩子的第三阶段生物课程的场景。在这个过程中，我们能看到父母与欧内斯特及父母之间的互动空间吗？这种互动是相当有限的。相反，这件事在发生和持续过程中有一些隐含的规则，就是父母在被动地倾听老师所讲的内容。毫无疑问，欧内斯特处于无所不知的权威位置，要承担学科主题内容和对孩子们的全部责任。他用专门的学科语言来体现这一权威："孩子们一直在学习细胞生命周期的各个阶段，即有丝分裂、减数分裂以及繁殖过程。"这样一个角色为他设置了作为教育者不必承受的负担，阻碍了更多家长参与进来。我们中有些人可能会期望教师以这样的方式来讲授课程，因为这毕竟是课程之夜。我们可能也会想到他的讲话策略就是告诉父母不要担心，学习生物的过程听起来复杂，但父母可以相信他能够教好他们的孩子。沿着这一思路，我们可能不会想到这是一个让家长成为学习共同体成员的重要机会。

将这一观点进一步往前推进，让我们来看看欧内斯特的有丝分裂课程。当学生们到来时，他会在门口喊他们的名字以表达问候。我们还观察到他与很多学生有简短的个人交流。"我看到昨晚球队在篮球比赛中赢了，干得漂亮！"他对一个学生评价道。"你的家庭作业怎么样？"他问另一个人。这些都是他对每个学生表现出兴趣的例证。我们还注意到学生对欧内斯特礼貌地做出回应。在黑板上（告示板）他写下"准备上课"的任务："与你的实验伙伴交流昨晚阅读中存在的问题。"当学生鱼贯而入时，他们就开始进行这项任务。这会在课程的前5分钟进行。在之后的20分钟欧内斯特讲授了有丝分裂，这部分是学生已经阅读过的课程内容。他热情地给学生指出这一生物过程在课本中的准确段落。他使用专门的学术语言，给学生呈现了很多这一过程的例子。在后面的20分钟，他把学生分成两组，给每一组发一份有丝分裂的讲义，并安排他们用讲课时介绍的生物词汇给讲义做标记。在课程结束时，他会复习所学的内容，并给学生布置阅读本章下一部分有关减数分裂的内容的作业。

继我们的观察之后，欧内斯特与一位愿意和我们一起观察并对他的教学进行反思的同事见了面，他向同事询问对课程的看法。欧内斯特是这么说的：

　　我正在寻找一些使我的课程和对家长的工作更有意义、更有目标的想法。这么做的理由很多。首先，我知道很多学生在课堂上不投入，有些甚至会不及格。我会欢迎学生和家庭更多地参与进来。您能提供一些有效的建议吗？

　　他和指导伙伴对如何达到这一目标进行了头脑风暴。一种想法是让学生准备一张海报，在课程之夜向父母或监护人解释有关概念，目的是希望活动能够给予学生自主性，让他们创造性地思考如何将复杂的内容变得更容易理解，给予他们机会接收来自欧内斯特和同伴们的反馈，以加强对概念的理解，提供给他们做有意义的事情的机会。欧内斯特和指导伙伴还希望更多的父母或监护人来课程之夜参观他们的项目。

反思活动
反思时间：请对下列问题进行反思并写下答案。
1.请提出另一种可以促进欧内斯特与学生以及学生之间互动水平的方法。要有创意，因为他正在找寻超出常规思维的方法，这对如何教那些难教的学生以及学习困难的学生会有所帮助。

2.请提出另外一种方法，以帮助欧内斯特让家庭参与到学生所学习的概念中来。要有创意，因为他正在找寻超出常规思维的方法，并且这种方法将改变他与家庭的合作方式。

有意义的学生及家庭参与

我们可能会为欧内斯特提供一些具体的建议，促使学生和家庭更主动地参与进来，因为学生和家庭的参与是件好事情。我们提出的想法强调的是面对相同情境时我们会如何做的能力，使用的方法是自然的、来自于直觉，有待在我们自身的实践中加以应用。在本章中，我们会介绍一些需要仔细思考的重要观点。讨论会涉及以下三种做法，这些做法是基于研究提出的，会增加学生之间的信任和满意度，从而使他们能从课堂的学习互动中获得学业上的收益。这三种做法具体如下：

（1）建立联系。

（2）减轻学生的压力。

（3）重视课堂内外的资源。

建立联系

尽管我们从直觉上能够意识到与所有学生建立关系的重要性，但是我们还是要提供大量的研究来说明这一重要性。需要特别注意的是，脑科学方面的教育专家指出，我们开展和进行的教学实践，必须从根本上通过两种重要方式建立学习渠道。首先，我们必须与学生的过去经历建立联系，以激发或调动学生的学习（Jensen，2008；Sylwester，2010）。学生及其家庭的个人的、社会的、文化的、语言的以及全球性的经历可以在很大程度上帮助我们建立与学习的联系（Freire，1970；Jesen，2008；Sylwester，2010；Vasquez，2014；Zacarian，2011，2013）。

如果我们考虑到每个学生会给我们带来很多经验的事实，正如他们的家庭一样，那么我们会看到将学生已知的东西与要学习的内容建立联系的机会。以欧内斯特所教的有丝分裂课程为例，生物过程在很大程度上要依靠学生先前对细胞和繁殖概念的理解。为了帮助学生学习这个过程，欧内斯特必须保证每个学生都知道什么是细胞，繁殖过程指的是什么，要把它们教给任何一位没有这一重要知识的学生。因为学习包括建立意义的过程，他必须考虑如何帮助学生将这些概念与个人的、社会的、文化的、语言的以及全球性经历建立联系。有些生物老师可能会选择放一部有关繁殖的电影，其他老师可能会让学生用泥土制作模型来支持所必需的意义建构。我们所做的事情最基本的是要确保与学生的各种背景建立联系，使学习对学生来说是有意义的。

其次，同样重要的是与学生的家庭建立联系。家长与学生在经验和情感上的联结最多，作为学习资源会拥有无限的潜力。对这一点加以充分利用非常有益。人们一直在对家庭参与进行研究，发现家庭参与是学生成功的关键因素。一些家庭的做法与学校所做的活动（尤其是那些进行高水平读写练习的家庭）相似，而有些则不同（Epstein et al.，2009；Zacarian，2011，2013）。欧内斯特必须采取的重要步骤就是让所有学生和家庭能够看到他对他们经验的重视和尊重，并要依靠他们创造积极的基于优势的学习环境。

让我们再回到欧内斯特与同事讨论过的想法，也就是让学生分组准备一张海报，用日常语言向父母或监护人介绍有丝分裂和减数分裂的生物概念，使这些概念尽可能容易理解。我们对一组学生进行了观察。这组学生集体制作了两张海报来描绘有丝分裂和减数分裂。在课程之夜到来前，欧内斯特要求每组学生跟另一组学生分享他们的海报制作过程，并接收反馈，看看哪些是有效的，哪些是需要加强的，以便使概念的理解最为简单。当学生正在进行这些活动时，欧内斯特在课堂中来回走动。制作了两张海报的那个组，他注意到每个学生各司其职。一位名叫黛安（Diane）的学生从前在课堂上很不情愿发言，现在正自豪地分享有关海报的知识。欧内斯特迫不及待地告诉他的同事自己注意到的这一幕！

按照这一计划，欧内斯特为课程之夜做准备。他邀请学生参与这一活动，并让他们把父母或监护人带来。他的计划是让学生与各自的家庭分享他们的项目。

反思活动

反思时间：请对下列问题进行反思并写下答案。

讨论两个您可能会做的促使欧内斯特的课程之夜计划成功的活动。

a.

b.

减轻学生的压力

根据赛维思特（Sylwester，2010）以及其他脑科学专家的观点，人类使用了两种行动系统：一种是反射，另一种是反省。我们使用反射系统快速地做出有关问题的安全性和紧迫性的决定。我们有些人可能会对20世纪20年代生理学家沃尔特·坎农（Walter Cannor，1927）提出的"战斗还是逃跑"（fight/flight）这一概念熟悉。坎农使用这一词汇来描述当我们觉察到危险或压力时的身体反应。赛维思特称之为本能反应，它代表的是面对压力的情绪或感受。我们可以根据此概念设想以下场景。在欧内斯特最近的测验中，我们的成绩不及格。第二天，当我们走进教室时，欧内斯特说："你们在这门课上永远都不会及格！"我们会对他的话做出什么反应？也许我们会本能地以两种方式做出反应。第一，可能会说某些话来反击一下；第二，可能会翘他的课。因此，我们会战斗或逃跑。这两种反应是对我们觉察到的危险或压力的反应。根据社会学家克劳德·斯蒂尔（Claude Steele，2010）的观点，对于某些认为自己是某一种族、民族、语言、文化、经济、性别类别的学生，当他们感知到没有人期望他们展示所掌握的技能时，这种感觉会产生特别有害的影响。由于学生会将其精力用于战斗或逃跑的模式中，因此他们处于被动反应状态。

赛维思特提出，大脑负责反省的部位不太活跃，需要有发育的过程，还需要通过教育活动或训练来获得支持。让我们回到欧内斯特的问候上。如果用下面的语言来问候考试不及格的学生可能会有什么反应："很高兴见到你们。今天我们来谈谈如何使课堂有成效，我知道你们会做到的。我们可以在课后见面吗？"尽管并非每个人都能表达得如此完美，但是这种说法告诉我们如何将研究结果应用于工作之中。斯蒂尔介绍了当他还是一个本科生时与一位水平很高的教授在一起的非常有益的经历。教授传递给他的信息是："我明白你在做什么。你做的在某种程度上是正确的，而且很有潜力。我相信你能做到，让我来给你示范一下怎么做。"

第二个基于研究的重要原则来自维果茨基（Lev Vygostsky，1978）关于学习的开创性研究。作为一名发展心理学家，维果茨基提出，学习会通过两个系统发生：认知和社会互动。他的主张是，我们根据学生当前的理解和互动水平来构建学习，这个概念称为最近发展区（zone of proximal development）。应用这一原则时需要考虑两点，第一点，学生进入学校时处于不同的认知发展水平。例如，欧内斯特正在教授九年级学生，他们的生理年龄几乎是相同的，但是他们有关所学的生物概念的认识发展水平差异很大。有些学生对于细胞与繁殖有充分的了解，而另一些人只是刚刚开始明白这些概念以及与之有关的词汇。同样，说到我们的第二点，有些学生拥有大量的课程学习所使用或要求的互动类型的交流经验（如在欧内斯特的课上如何撰写实验报告），而另一些人则没有。我们必须给予学生支持，训练或指导他们发展思维和交流技能。

尽管这些基于研究的原则一直被广泛应用于教育工作者对学生所做的事情上，但重要的是要把儿童教育中我们最重要的伙伴考虑进来，即他们的家庭以及课堂、学校和社区可以获得的资源。

反思活动
反思时间：请对下列问题进行反思并写下答案。 讨论两个您可能会做的活动，可以体现本章所提出的以关系为中心的观点。 a.   b.

重视课堂内外的资源

对于一些学生来说，家庭中的阅读写作和互动交流活动与我们所做的以及我们所在学校的文化密切配合（Epstein et al., 2009；Faltis, 2001；Henderson, Mapp, Johnson, & Davies, 2007；Zacarian, 2013）。这种配合会不断支持学生从事这类有社会价值和学校许可的互动活动。雪莉·布莱斯·希斯（Shirley Bryce Heath，1983）和利萨·德尔皮特（Lisa Delpit，1995）对于家庭和学校语言的开创性研究揭示了某些群体之间的差异。她们的研究发现使我们意识到我们经常把那些不同于主流文化的群体（如贫困家庭、没有进行读写活动的家庭）与没有什么价值和权力联系在一起。不幸的是，这种错误的认知很少会注意到那些群体会给孩子们的学习带来的巨大财富，也不会注意到与不同文化、语言和经济状况的家庭建立伙伴关系的益处，以及拓展学校之外的学习的重要意义。研究表明，当我们让家庭、同伴、学校及整个社区都参与到学习过程中时，他们会成为学生学习和自我实现的重要资源（Epstein et al.，2009）。

让我们回到欧内斯特的生物课和我们给他提出的建议上来。在阅读这些建议前，他并不相信有些学生可以完成他布置的家庭作业，因为用他的话来说，有些父母是"没有文化的"——这意味着他担心有些父母不会阅读从而无法理解布置的作业。根据研究，我们建议对于家庭作业，可以让学生给家庭成员或朋友解释他们的小组课题，记录他们有关该课题的问题或想法，并把这些内容带到之后的课堂上来。我们进一步提出在课程之夜时欧内斯特让家庭从事的活动。在反思空间您可能已经建议让父母或监护人以小组形式聚集在一起，共同给学生写一张便条，告诉学生他们在课题中所学到的东西。做好这件事要求我们从不同的方面来思考这一任务，尤其是要考虑不会读写英语的父母或监护人。翻译可能会有帮助，录像及其他媒介也可以支持这一活动。例如在课程之夜，父母们用录像给学生留言。任何一种将父母或监护人聚集在一起的有创意的方法都是有益的。我们之所以提出这一点，是因为迄今为止我们所介绍的研究都表明了互动的重要意义。

莫尔、阿曼提、内夫和冈萨雷斯（Moll，Amanti，Neff，Gonzalez，1992）给我们提供了一些重要的发现。他们对位于美国和墨西哥之间广大地域的家庭和学校进行了研究，发现所有的家庭成员都拥有与其工作、家庭和幸福有关的高水平的知识与技能。更重要的是，他们会将这些传递给孩子。莫尔等人提出"知识资本"（funds of knowledge）的概念来描述家庭在广泛的知识领域如农业、商业、维修和医疗方面的专业知识。他们还指出，教育工作者有目的地从学生家庭中吸取知识资本，家庭所拥有知识才会有用武之地。我们认为，当我们调用各种资源，如课堂共同体（包括学生、家庭和我们自己）、学校共同体（包括年长的学生、同事、教职员工、父母及其他校本资源）以及整个社区，这些可能的网络会变得更加强大。

上述每一种可能性都为我们提供了让学生进行大量互动以发展更加坚实的认知技能和语言技能的多种可能。此外，他们的参与和支持对于学生的成功有显著的影响（Epstein et al., 2009；Moll et al., 1992）。举例来说，鼓励家庭支持孩子在他们不懂的学科方面（如微积分）的学习，应该怎么做呢？尽管家庭可能没有学科方面的知识，但是他们知道如何支持孩子做出特别的努力和坚持，以获得这一专门的知识和技能。

反思活动

反思时间：请对下列问题进行反思并写下答案。

提供2~3个例子说明您是如何利用课堂、学校或社区的各种资源与家庭进行互动来学习欧内斯特正在教授的生物概念。

a.

b.

c.

小　结

本章中，我们介绍了基于研究提出的三个原则，即建立联系、减轻学生的压力、重视课堂内外的资源，并阐述了它们的重要性。要想取得这些原则的预期效果，关键是要注意实施这些过程的方式方法，以确保适用于多元化的学生。在下一章中，我们将介绍一些重要概念，为建立主动的、参与性的课堂共同体奠定基础。

参考文献

Cannon，W.B.（1927）.*Bodily changes in pain，hunger，fear and rage：An account of recent researches into the function of emotional excitement.*New York，NY：D.Appleton.

Delpit，L.（1995）.*Other people's children：Cultural conflict in the classroom.*New York，NY：New Press.

Epstein，J.，Sanders，M.G.，Sheldon，S.B.，Simon，B.S.，Salinas，K.C.，Rodrigues Jansorn，N.，...Williams，K.（2009）.*School，family，and community partnerships：Your handbook for action*（3rd ed.）.Thousand Oaks，CA：Corwin.

Faltis，C.（2001）.*Joinfostering：Teaching and learning in multicultural classrooms.* Upper Saddle River，NJ：Merrill Prentice Hall.

Foote，C.J.，Vermette，P.J.，Wilson-Bridgman，J.，Sheeran，T.J.，Erwin，R.，Murray，M.（2004）.Preparing secondary teachers to use cooperative learning strategies.In E.G.Cohen，C.Brody，& M.Sapon-Shevin，（Eds.），*Teaching cooperative learning：The challenge for teacher education*（pp.97-110）.Albany：State University of New York Press.

Freire，P.（1970）.*Pedagogy of the oppressed.*New York，NY：Herder and Herder.

Heath，S.B.（1983）.*Ways with words：Language，life，and work in communities and classrooms.*New York，NY：Cambridge University Press.

Henderson, A.T., Mapp, K.L., Johnson, V.R., & Davies, D. (2007).*Beyond the bake sale: The essential guide to family-school partnerships.*New York, NY: New Press.

Jensen, E. (2008).A fresh look at brain-based education.*Phi Delta Kappan*, 89, 408–417.

Moll, L.C., Amanti, C., Neff, D., & Gonzalez, N. (1992).*Funds of knowledge for teaching: Using a qualitative approach to connect homes and classrooms.*Theory Into Practice, 31 (2), 132–141.

Nation, I.S.P. (2001).*Learning vocabulary in another language.*Cambridge, UK: Cambridge University Press.

Steele, C.M. (2010).*Whistling Vivaldi and other clues to how stereotypes affect us.*New York, NY: W.W.Norton.

Sylwester, R. (2010).*A child's brain: The need to nurture.*Thousand Oaks, CA: Corwin.

Vasquez, V. (2014).*Negotiating critical literacies with young children* (10th anniv. ed.).New York, NY: Routledge.

Vygotsky, L. (1978).*Mind in society* (M.Cole, Trans.).Cambridge, MA: Harvard University Press.

Zacarian, D. (2011).*Transforming schools for English learners: A comprehensive framework for school leaders.*Thousand Oaks, CA: Corwin.

Zacarian, D. (2013).*Mastering academic language: A framework for supporting student achievement.*Thousand Oaks, CA: Corwin.

课堂共同体的准备

教学始于教师对学生的了解和换位思考，这样您就能够对学生所学的东西以及掌握学习内容的方式有更好的理解。

——索伦·克尔凯郭尔（Soren Kierkegaard，2009）

> 在学生到校前，了解一个新班级的学生及其家庭首先要采取的步骤是什么呢？为什么说这些工作是有用的、重要的？教师应如何开始着手去做这些事情？为了考虑好这些问题，让我们来看看三年级教师加布里埃拉·辛特伦（Gabriela Cintrón）是如何开展这一过程的。

加布里埃拉·辛特伦是亚利桑那州凤凰城南部郊区的一名三年级教师，上一学年才第一次到校工作。她去办公室拿到新班级的学生花名册浏览了一遍，了解了基本信息，这些初始信息对她考虑如何安排适合新班级学习需要的物理空间有一定的帮助。

关于课堂共同体的问题

除了收集班级的花名册外，加布里埃拉找到了一些对开启新学年特别有益的活动。最重要的活动之一就是收集一系列有关新生班级的问题。下框内就是加布里埃拉在读到新花名册时提出的问题。

· 花名册上有多少学生？

· 课堂上有多少学生对座位有要求，需要实施个别教育计划（IEPs）？

· 座位安排有什么特点？

· 哪个学生需要扩音系统、视觉支持、优先选择座位以及明显隔离的工作区？

· 有多少学生是英语学习者？

· 教室中有多少位提供支持的工作人员需要桌子或工作空间？

· 是否有需要治疗的学生，需要有与普通区域分开的休息或练习区域？

上述及其他问题的答案将有助于加布里埃拉布置教室的物理空间，包括桌椅的数量、调整、工具和计划的安排，以及这些因素如何构成教室的基本格局。

反思活动

反思时间：请反思下列问题并写下答案。

考虑加布里埃拉在看新班级的花名册时在文本框中提出的问题。

1. 在您看来什么是最重要的问题？为什么？

2. 什么问题有助于您以新颖的、意想不到的方式看待事物？

教育共同体：
家庭、学校、社区共育实践指南

3.列出其他 3 个您想要找到答案的问题，以及您认为这些问题重要的理由。

a.

b.

c.

学生的需求是有冲突的，教师需要时间来为新学年的教室布置做好准备。除此之外，加布里埃拉知道对她来说重要的是发展、培养和促进同伴关系。这是她在新学年的基本目标之一。她在了解学生的过程中所做的准备工作，与演员或小说家在创作准备中所做的工作以及历史学家为了更好地理解某个时期所做的工作是类似的。她开始研究可以得到的书面记录、学生照片、报告单、学生作业的书面材料、会议记录、测验分数、学生家庭人口情况，并在观察簿中记录她对新班级的发现。她对将要接任的学生做出预测，尤其是那些在学业成绩或人际、情绪方面有困难，需要教师予以高度关注和理解的学生。像历史学家一样，她也对同事、学生家庭成员进行访谈，发现事实，与他们建立联系来处理最紧迫的问题、想要了解的问题，以及她对于未来班集体可能会有的纠纷的了解。这些联系包括学生以前的老师、指导顾问、教学楼管理人员以及最重要的学生家长或监护人。

这些信息的收集有助于加布里埃拉以一种有据可依、反应积极的方式主动勾勒出建立班集体的画面。这需要做额外的工作，花费时间来制订计划。不过，她发现这是值得努力去做的。加布里埃拉反思道，她在学年开始前和学年初已经做了这项工作，这有赖于她有可以利用的时间和学校政策的允许。她相信自己的努力会使工作更有成效，会使她感觉能够更好地适应新学年的挑战。然后她设置了一系列不同类别的问题，帮助自己理解学生的需要、挑战和优势。下面的内容要讨论加布里埃拉认为重要且需要考虑的信息类型和问题。

有关不同学生和学习需要的问题

在加布里埃拉班级中哪些是已确定的有特殊需要的学生？每个学生的个别教育计划需要让加布里埃拉知道吗？班里谁是英语为非母语的学生？他们的语言背景如何？母语调查以及其他文件中对父母或监护人能够与她进行交流的语言做出说明了吗？如果不能确定这些信息，那么她就通过做笔记来保证自己能够得到这些信息（同时她也要保证面对面或书面交流能够以家庭可以接受的方式进行）。英语为非母语的学生的英语水平如何？他们的教育曾经中断过吗？他们以前上过学吗？班里有多少学生将要接受免费午餐或低价午餐？加布里埃拉应该为班上居住在贫民区的学生做怎样的考虑？还有谁是与加布里埃拉的学生一起工作的教师和员工（如特殊教育教师、教授英语为非母语学生的教师、职业理疗师、咨询师）？他们的工作会在教室内展开还是将学生带到教室外进行？教师、助手以及其他可能加入班级团体中的人对于空间和家具有什么需求？

物理空间的需求

尽管加布里埃拉知道她必须仔细考虑一些学生在生理方面的需求，而且她的大量返校活动包括为教室做准备，但是她也知道收集信息是必要的。这包括了解任何有治疗需求应予以特殊关注或警觉的学生，以及为听力、视觉、身体活动不方便的那些学生提供优先选择座位、更宽的过道、进出无障碍的房间以及其他设施。此外她还需要了解那些有感官需求或非常需要频繁运动的学生。

情绪问题

某些学生之间是否发生过冲突？是否可以用某些方法来预测一些学生对于学业要求的反应？他们会做出来自指导者或治疗顾问频繁进行干预的行为吗？哪些做法对这些学生的帮助最大？他们需要开始养成哪些社交和情绪方面的技能？与成人现有的什么关系对学生来说是重要的，可以为他们提供可能需要的额外支持与指导？

家庭环境的挑战

学生所在家庭中成年人面临的挑战会影响到他们稳定的生活吗？这些挑战可能包括：离婚或再婚，儿童监护权的变更，收入或失业，自然灾害，以及需要学生以儿童成长中非常态的方式来应对的情感危机。最近学生家庭中有什么事情可能会影响到他们在校的表现（成绩）？学生在食物或衣服方面需要得到来自社会福利组织或学校团体的帮助吗？这类信息在记录中是不会出现的，但是对于教师给某个学生提供的必要的支持类型却有着重要的意义，这样学生才能够得到更好的支持，在学习中更加成功。

审视信息做出明智、深思熟虑的决定

加布里埃拉收集的初始信息是很有效的。这让她能够主动采取适宜的措

施（在问题出现前）而不是在问题发生后做出反应。如果幸运的话，教师可以在学生到来前有时间与上一年的任课教师或学校其他工作人员进行交流，对学生的情况做到心中有数。由于大多数的问题都是敏感信息，因此一般情况下不适合通过邮件或书面形式来分享这些观察到的资料，以帮助保护家庭及其子女的隐私和秘密。

如果条件允许，加布里埃拉就会对那些将要成为其学生的信息进行研究。她会了解学生在同学和老师中所用的姓名（不只是登记的官方正式姓名）的发音，这样在给文件夹、橱柜和记号做标记时，就可以使用学生的"实际"（real）用名。对细节的关注使她能够从第一次见到学生起就用熟悉的方式与学生问候。这是她开始了解和关心学生的机会，也是从第一次互动就与学生及其家庭建立信任的基础。这样学生就会知道老师是关心他们、看重他们且知晓他们独特的需求和优势的。加布里埃拉做了如下描述：

案例探究

加布里埃拉·辛特伦

我认为为提前了解学生所做的准备工作与备课是同样重要的。这是与学生及其家庭建立关系的基础，因为我开始把他们看作独立的个体，与学生及了解他们、能够看到他们的监护人交流。时间上的投入可以帮助我在本年度建立自己最想要的开端，即对学生的喜爱和感情甚至从开学第一天就开始了，在我形成第一印象时就确立了对他们及其家庭的信任，而且可以尽可能避免许多大的意外。开启新学年就像是开始一项新的商业活动。正像商业活动需要手头有资本和信誉一样，教师也需要有值得学生信任的信誉、关系资本以及所服务学生和家庭的详细信息。

她指出，完成这些事情可能是一场挑战：花费大量时间收集材料并获得详细信息，安排课桌，计划课程，以及设法以详尽的方式来了解学生及其家庭。不过，她已经意识到学年开始时或开始前在了解学生和家庭、接触他们等方面投入时间会使本年度的工作更加充实、更加成功。

反思活动

反思时间：请反思下面的问题并写下答案。

1. 您可以和所在学校或地区就新班级进行交流的 2~3 名教师是谁？

a.

b.

c.

2. 列出 3 个您一定会问的有关学生在这些资源方面的问题。考虑以下领域，诸如学业需要、生理需要、社会交往—情感需要以及受家庭环境影响的需要。

a.

b.

c.

营造安心、积极、安全的氛围

加布里埃拉在布置教室空间时会花时间与学生家庭进行交流。她对需要用非英语进行交流的家庭做了标注，并努力寻找资源为书面和口头翻译提供支持。正如我们即将看到的，这种互动包括信件或电子邮件、打电话、与学生及其家庭见面。将它们翻译成学生家庭所使用的母语，有一个可以信任的、代表家庭语言和文化的翻译是完成这些工作的关键要素。

上述交流承担了许多重要的功能。这些工作会向家庭表明加布里埃拉是出于好奇、尊重和责任乐意与他们及孩子见面，也可用作一种邀请，将学校与家庭的伙伴关系看作基于共同利益建立的联盟，支持共同关心的问题，即学生的幸福。这就为本学年甚至是学年开始前营造了安心、安全的氛围，可以对之后发生的所有事情产生积极影响。

加布里埃拉发现，这些取决于一些基本条件，包括学校所在地区给教师提供多少时间，以及教师根据自己的时间选择用什么方式进行联系。像许多教育工作者一样，加布里埃拉发现她在学年开始前或开始时所做的各种活动要花费的时间有多有少。下表列出了一些活动，我们将这些活动分成两类：投入时间少的和投入时间多的。

投入时间少	投入时间多
邮寄明信片或用电子邮件联系	打电话
欢迎辞	家访
教师、学校或员工网上的问候语	问卷调查
	30分钟的开放日活动

投入少的活动

这部分提供了一些花费时间少的活动。每一项活动旨在与家庭和学生保持接触，以相互认识、表示欢迎。第一项活动是邮寄明信片。这是进行联系最简单的方式，教师只需要简单地向学生及家庭表达问候，以开启交流的渠道、建立积极的氛围。下框展示了加布里埃拉给学生和家庭发送的一张明信片问候语。

亲爱的家长和同学：

　　欢迎加入我们班！期盼着今年能够与你们在一起，我对新学年的到来感到兴奋。本学年可以通过下面的邮件与我联系：mCintron@yourchildsschool.edu。期待不久后能与你们见面。

辛特伦女士

下框是加布里埃拉给新生及其家庭邮寄或通过邮件传递的一封信。信的目的不同于明信片，它是欢迎家庭和学生来到新课堂的一种方式。

尊敬的家长和同学：

　　新学年的来临让我感到兴奋。在此谨向各位表达诚挚的欢迎，同时请允许我给各位发送第一封有关课堂常规的信。

　　我希望24班的各位父母能够在本年度参与我们的课堂活动。下面是父母和家庭成员参与活动的一些方式：

　　·帮助我们进行实地考察。

·在艺术、烹饪或特殊项目中给予帮助。

·在课堂上指导和辅导孩子。

·进行与我们的研究有关的专门展示。

·给我们展示您的手艺、作品或工作场所。

·帮助收集和打印学生创作的书。

·帮助陈列学生的作品。

·提供材料，如容器、快餐或多余的书和杂志。

·参加特殊活动和表演。

如果有别的想法，欢迎您与我一起分享。我十分看重家庭对于课堂共同体的参与，期盼我们能够一起度过一个愉快、有益的学年！

辛特伦女士

给初中生或高中生的父母及家庭成员写的类似的信会有所不同，它要反映学龄较大学生的需求。下框展示的是一位高中数学老师给学生及其父母写的通知信。

尊敬的家长和同学：

我怀着激动的心情期待新学年的到来。在此谨向各位表达诚挚的欢迎，与此同时，这也是我写给各位的第一封有关课堂常规的信。

我希望能够邀请父母和家庭成员在整个年度都参与进来。下面是你们可以参与的一些方式：

·参与特定的活动、项目或表演。

·鼓励、指导和支持学生完成家庭作业或课堂作业。

教育共同体：
家庭、学校、社区共育实践指南

· 我最重要的目标之一就是您的孩子在班里能获得成功。当孩子们需要教学方面的帮助时，请鼓励他们告诉我。

· 作为志愿者参与课堂或学校的服务项目。

您也许会有别的想法，欢迎与我一起分享。我十分看重家庭对课堂共同体的参与，期盼与您一起学习，共同度过愉快、有意义的一年！

××数学教师

许多学校有教师个人的网页或资料。基思·玛利塔（Keith Maletta）是美国北卡罗来纳州康科德城中央卡贝勒斯高中的英语教师，下框是他的欢迎辞，他期望通过努力能够与新来的学生建立良好关系。

我出生于纽约长岛，一直在那里居住了12年。后来父母决定搬到乡下，因为那才是他们向往的地方。于是，他们用福特车满载着家当搬到北边的卢泽恩湖城区。中学后，我进入纽约州立大学奥斯威戈分校。加油，了不起的湖人队！

我在位于纽约伦斯勒的圣玛丽学院从教一年，之后因为天气的缘故，在1993年搬到了南部。幸运的是，我受聘于中央卡贝勒斯高中。20年后，我觉得这不只是一所学校，而是我的第二故乡。

当我不教英语、不讲老掉牙的笑话时，我会与家人在一起，驾驶那辆很棒的SUV（运动型多用途车）参加儿子的各种活动，搜寻新的在线音乐，踢各式疯狂的足球，试图让44岁的自己保持健美的身材。

> 除了教学外，我与米汉（Meehan）女士、诺里斯（Norris）女士和施密特（Schmidt）女士一起工作，帮助中心联络组（Central's Link Crew）开展工作，这是一个由90人组成的高年级学生团体，担任入学新生的指导工作。
>
> 我期盼着见到你们每一位同学，希望你们能在中央卡贝勒斯高中度过美好的一年，也希望你们能够习惯我谈论最喜欢的团队：纽约洋基队、卡罗莱纳黑豹、卡罗莱纳飓风、密歇根狼獾，以及我毕业的母校夏洛特分校49人队。

资料来源：卡贝勒斯乡村学校（2014）

投入多的活动

除了上述投入少的活动外，还可以采用下面一些高投入的活动，这些需要花费很多时间，但肯定是值得去做的。这些活动有助于明确教学工作的目的和意图，建立以课堂为中心的共同体。

电话联络

打电话是欢迎家庭成员和学生的重要途径。与邮寄明信片或写信件的目的一样，可以在打电话前先进行这些活动，让父母知道将会打电话以及什么时候会打过来。打电话提供了互动和交流的机会。尽管并非所有的家庭都有电话，学校的电话号码也不是一直都能畅通，但这是一项很有用的活动。此外，有些学生不只有一位监护的父母或家庭成员（如白天是祖父母，晚上是父母）。有些可能没有电话或根本联系不上，有些需要一位翻译来以老师的名义通话。尽管这些都会带来压力，但是有一种策略可以促成这项重要的可执行计划，那就是确保通话的唯一目的是将欢迎新同学及其家庭列为最重要的事，设法将通话时间限制在5分钟或更短的时间内。

正如明信片和信件一样，第一次通电话有一个适用的脚本会很有帮助。下框呈现的是加布里埃拉打电话时的电话稿。她不太确定能否通过电话留言联系到父母（监护人）或者是孩子。她通过使用比较适用的稿子来获得想要的结果。

您好！我是加布里埃拉·辛特伦，是××（学生姓名）的新任教师。我打电话是想告诉您，欢迎您参与到我的课堂中来。

·我也想邀请您参加（即将到来的活动，如每人从家里带一份菜来举办晚餐聚会）。

·我希望我们能够很快当面认识一下。我怀着激动的心情期盼新的一年的到来！

·与此同时，有任何疑问、关心的问题或您想让我知道的消息，请随时通过（学校电话、电子邮件、联系方式）与我联系。

调查或问卷调查

除了明信片和信件之外，加布里埃拉还会对家庭进行问卷调查，让学生的父母分享个人观点以及他们认为在孩子的生活中重要的事情。通过询问这些问题，加布里埃拉想要表达的是这些信息对她而言是重要的。上述活动并非有意要打扰别人，它们有助于教师将学生及其家庭理解为完整的人。这些信息通常在学校的档案中无法看到，学校员工也未必知道。对于年幼的学生来说，父母分享的信息可能包括学习风格、喜欢与厌恶的东西、友谊问题，以及家庭想让孩子的新任教师知道的儿童生活中的事件。对年长的学生来说，关于他们及其家庭的信息也是同样重要的。下框提供了加布里埃拉进行调查或问卷调查时所使用的样例。她设计这个调查的目的是针对自己所教的小学生，但也适用于团体，当然也可以在中学使用。这一信息旨在作为了解学生的工具，让家庭能够感受到老师欢迎他们，希望与他们建立充满友爱的伙伴关系。

儿童的姓名：＿＿＿＿＿＿＿＿＿

父母/监护人的姓名：＿＿＿＿＿＿＿＿

接收学校通知的地址和电话号码：＿＿＿＿＿＿＿＿

主要地址和电话：＿＿＿＿＿＿＿

其他地址和电话（可以用的）：＿＿＿＿＿＿＿

电子邮件：＿＿＿＿＿＿＿

您关于孩子的看法对我而言很重要，也很有用，因为我需要了解孩子。我们会有其他机会（如会议）在一起交谈，不过我会在新的一年开始时邀请您并记录您想让我了解的内容。如果需要可以使用附加的纸。

1. 关于孩子，您想让我知道和了解什么？

2. 孩子在家对什么事有热情？什么游戏和活动会吸引她/他？她/他喜欢书、电影或电视中的什么人物或故事？

3. 今年有什么具体事情您想让她/他得到特殊支持？

中学教师也可以开展问卷调查活动，活动目的也是一样的，即获得有关学生的信息来为我们的工作提供支持。例如，基思·玛利塔让每个学生在开学第

一周对索引卡上的一系列问题做出回答，然后他会使用学生自己制作的卡片作为了解学生、与学生共事的工具。下框是基思·玛利塔提供的一系列问题。

- 你在中央卡贝勒斯高中参加的活动。

- 在家里做的活动。

- 作为一名编辑，你对自己的评价（从1到5，5分是最高分，下同）。

- 作为一名作者，你对自己的评价（从1到5）。

- 作为一名读者，你对自己的评价（从1到5）。

- 作为一名交流者，你对自己的评价（从1到5）。

- 评价你与其他人相处的能力（从1到5）。

艾琳娜·阿吉拉尔（Elena Aguilar, 2012）提供了下面一系列实用问题，可以在学年初进行调查。您可能会采用类似基思所用的索引卡的形式，选择其中的一些问题，或囊括全部问题，也可以增加一些自己的问题。

- 告诉我你真正喜欢的教师，以及你欣赏他或她所做的什么？

- 告诉我你感觉不能发挥作用的教师，以及为什么？

- 你认为怎样才能成为一名"好"教师？

- 描述你在学校做过的最有趣的活动。

- 描述最有挑战性的课程或学习单元。

- 你喜欢如何接受反馈？

- 如果我注意到你没有遵守课堂约定，那么你想让我如何告诉你？

·在1~5的量表上，你对阅读的喜欢程度有多高？（1=一点也不，2=有点/有时，3=大多数时间，4=我喜欢阅读，5=我很爱阅读）

·在1~5的量表上，你会如何评价自己的阅读技能？（1=我是很糟糕的读者，2=我不是一个好读者，3=我是一个还不错的读者，4=我是一个好读者，5=我的确是一个真正的好读者）

·去年你在学校或校外读了什么书？

·你认识的哪个人喜欢阅读？

·在校外，你认为谁最信任你，给你的支持最多？

·当你在学校的确表现不错时，你想让我告诉谁？

·告诉我你的生活中一直比较困难的事情。

·告诉我你感到自豪的事情。

·告诉我你喜欢做的与学校无关的事情。

·周末你喜欢的事情是什么？

·如果你可以实现三个愿望，它们是什么？

·关于我你想了解什么？

·你还可以告诉我一些其他事情以帮助我成为更好的老师吗？

对建立关系有用的备选活动

学年早期的开放日活动

如果条件允许，在学年初或开学第一天让父母、学生与老师见面并参观教室是很有益处的。而利用这一时间让学生和父母见面也是有帮助的。举行开放日活动有助于为共同体的建立搭建平台。通过寄信、发送电子邮件以及

教育共同体：
家庭、学校、社区共育实践指南

打电话（这取决于我们所了解的对父母而言最有效的沟通方式），我们可以轻而易举地安排这一活动。下框是加布里埃拉给学生父母发送的邀请函的示例，是用来邀请他们和孩子参加课堂开放日的活动。如果时间和学校允许的话，有些教师可能会发现在学年开始前做这件事是有用的（尽管需要在开学第一天布置好教室），也有人可能会觉得在学年开始时有用。家庭成员和学生可以参观并参与准备活动，如给文件夹贴标签，画一些或者写一点可以放在"与你相识"的陈列处的东西等。正如在下框中所看到的，开放日的邀请在学年开始前几周就要发出去，内容包括日期、开始时间和结束时间。尽管这是针对小学教师的，但也适用于初中和高中教师。此外，对于最有风险的学生来说，需要把家访放在优先位置。

亲爱的家长：

　　我十分期待与您、您的孩子在我们的教室一起相聚。兹写信邀请您和孩子在开学前一天的周一来参观我们的教室（日期和时间，如 1:00-1:45）。

　　很高兴成为您孩子的老师，期盼共同度过这一年！

辛特伦女士

家　访

教师的家访活动并非在所有环境中都适用。在有些情况下，家庭的居住条件会使家访变得困难、不可取或行不通。它也可能超越了教师职业角色的一般界限。不过，它有可能以突破常规的方式带来变革，并在很大程度上帮助我们获得在教学中所要获得的东西：帮助学生在学校、社区及之外的地方取得成功。

在第一章中，我们介绍了平克（Pink，2009）的观点以及根据自己的经验所得出的益处。家访可以帮助我们获得关于学生的重要信息。这意味着什么呢？让我们来看一下汤姆斯·霍尔茨伯格（Thomas Holtzberg）的经历。他是一位教授九年级代数的高中数学教师，许多学生似乎没有动力学习这些内容。尽管他参加了许多让数学变得更有意义的相关职业发展课程，但是汤姆斯发现找到能让学生学好数学知识的方法还是很困难的。这影响了他的工作积极性。一位同事建议他去拜访一些学生，并将其作为帮助学生及其家庭知晓老师有多么关心他们的一种途径。进行了几次家访后，汤姆斯发现他的学生在学习中相当投入。尽管这些活动并非非做不可，但是一直是支持他工作的很有创意的一种方式，也为教学带来更多的回报。

家访是建立信任的方法，可以向学生及其家庭表明教师在生活中是将他们作为一个完整的人来对待，关心他们，并没有把他们当作考试的机器，或者是干活的人。几乎就像家庭成员那样对其体贴关心，不是因为工作要求而承担责任，而是因为个人的关爱和情感上的投入驱使。

家访可以使教师获得一些通过其他任何途径得不到的信息和想法。这些信息会以多种形式出现，可以是家里人说的话，墙上贴的东西，家庭成员坐的位置，家庭对家访的态度，父母对学生在家访期间的表现如何引导（或者根本不需要去引导）。所有这些信息都能提供丰富的背景知识，而且已经证明对于在学年中制订课堂计划，解开关于学生的学习、行为以及情绪困扰之谜方面是有用的。此外，还有助于了解一系列其他信息，诸如家庭动力、孩子可以得到的书、孩子拥有的责任、家庭关系的特点、对家庭来说有重要意义的文化产品，以及在孩子生活中具有显著影响的事物。

我们认为要把家访做好，必须有一个计划，确立以什么基调来表达关爱（比如："我大概要来20分钟。如果您愿意，我会坐下来与孩子和其他家庭成员一起，对他们进行一个小型的访谈，也会给您留些时间来认识我、提出问题。"）。此外，我们还认为预先给家庭提出一些可能要讨论的问题会有帮助，这样他们会觉得有所准备，不至于感到尴尬。对这些问题的回答有助于父母了解他们的孩子以及重要的个人信息，如医疗状况或可能对孩子的日常情绪或学生职责产生影响的境遇改变。除了准备见面外，记家访日记也是有益的，这可以帮助我们注意到哪些进展顺利，哪些需要加强。

我们的同事迈克尔通常会记家访日记。让我们来看看迈克尔日记中的一部分，以更好地理解他在学年前如何为家访做准备的，以及家访后又是如何进行自我反思的。

案例探究

迈克尔的日记

> 2013年8月20日　今天的目标
>
> 我将要对学生进行家访，并且会重点拜访那些在本年度取得成功需要很多支持的学生。我意识到尽管自己正在与学生见面，但是家访也只是给家庭传递了一个信息：教师的角色不只是承担教学任务，而且是可以信任的关心学生的人。在"问好"之后说什么都不要紧，重要的是能够保持好奇心，建立亲切、温暖的关系。
>
> 我知道一旦学年开始，我必须开始确定有挑战的领域，以及学生和家庭需要付出更多努力的方面。为此，向某个不辞辛劳愿意付出的人求助是有帮助的。
>
> 撇开其他的事情不说，我想要传递的是孩子的幸福与成功在我内心深处是重要的，在这一点上我和家庭成员是一致的。在这些会见中，我做的所有事情（比如收集将来会有帮助的信息和见解）都是有好处的。
>
> 我会询问学生的一些问题：

· 你想学什么，想在哪方面做得更好，或探究什么？

· 有机会的话，你喜欢做什么？

· 别人给你读故事时，你喜欢听什么内容？

· 你喜欢阅读什么内容？

· 在学校曾做过的让你感觉良好的事情是什么？

· 你有喜爱的运动吗？

· 你有喜爱的游戏吗？

· 关于自己你有什么事情想让我了解吗？

· 你做过什么引以为荣的事情吗？

· 带照片：班级的年鉴照、家庭和狗的照片。

· 询问他们："关于我，你们想了解什么？"

2013年8月23日　昨天的进展

今天，我见了另外四个学生，与他们约好来学校一对一见面。尽管我知道很多家庭开学前正在进行最后的旅行和参观，但我还是希望其他人在开学前的开放日能过来。我认为从始至终事情都进展得很好。我表达了对学生的热情，这点我自己是能感受得到的。这对于实施计划是有帮助的。我的计划是找到他们中意的人物或书（这些人物或书是他们自己喜欢阅读的，或者是父母给他们朗读的）、喜爱的游戏、最大的兴趣。我也想给他们提供机会来提问。

在执行计划时，我想让他们知道他们对我来说是重要的，我愿意付出更多的努力。我也设法确保家庭成员能参与进来。我认为（或希望）自己通过一种良好的方式营造了开学的有趣氛围。我觉得至少一半的孩子和家庭在跨进教室前会感觉到我们是站在同一立场上的。这是非常成功的。

我也了解到学生的一些家庭环境，如卡玛（Kamal）在家庭花园中有一块地；乔丹（Jordan）的父母、萨莉（Sally）的父母是音乐家，萨莉喜欢坐在一个新认识的女孩西尔维娅（Sylvia）边上，因为她想要结交朋友；乔恩（Jon）善良的妈妈以及她的男友（也算是乔恩的继父）在照顾他的残疾生活；拉里（Larry）有些脆弱和对乐高感兴趣（甚至是着迷）；玛利亚（Maria）非常热情和友善；当我到达时，杰那（Jena）站在长沙发上玩游戏，在客厅用木头和钉子搭建东西。

我确信注意到了关于自己的一件事。和孩子们说话时，我会耐心等待他们的回答。对于他们我是认真的，但也是让人感觉放松的。我喜欢与他们在一起时的行为方式，事实上这是当我去做时发现的，因为我知道自己是为了什么，我相信这一点，这让我有信心进入新的一年。我也喜欢自己与家长说话的方式，"我们成人之间会有时间进行不断的交流。我一定会给您发邮件和打电话的。但现在是属于塞尔维亚、西傲或玛利亚的时间"。让人感觉好的地方真的不计其数，但是我能想象交流这些信息，从孩子和家庭那里预先获得所有情况是很有战略意义的。

反思活动
反思时间：请反思下面的问题并写下您的答案。 1. 为了确定在新学年让家庭参与进来的基调，您想向家庭传递的最基本信息和态度是什么？

2. 在学生家庭的交流风格、所用语言和文化期望不同的情况下，为保证所有家庭能够接收到这些信息，您会怎么做？

3. 描述您为了了解学生及其家庭个人的、人际的、文化的、家庭语言方面和全球经历的相关情况，您会采用的两个行动步骤，以便可以将它们应用到工作中去。

为建立课堂共同体奠定基础

本章描述的活动反映的是学生和教师开始新学年之前的一种投入。我们在本章开头介绍的教师加布里埃拉秉承这样的信念开始她的教学生涯，即学生学业的成功像所有事情一样，一定会受到社会关系的质量和是否协调一致的影响，这些关系是学生学业成功的背景，也是目的。她创造了这样一种环境，学生身边有了解他们的教师和对学校与课堂生活投入的父母，父母了解课堂，有时甚至会为了课堂教学一起工作，教师也了解学生的家庭。

这是一个对教师、学生、家庭和学校有时间压力和要求的竞争的时代，学校似乎在非必需的活动方面更难自愿投入了。不过，加布里埃拉践行的信念，即致力于构建支持和认可学生的成就和发展的努力会有力地提升那些学生的幸福感。

基于此，她认为工作的核心部分就是促进关系的建立，这一点可以从她所了解的关于学习和动机方面的知识中得到印证。家庭在课堂生活中的参与增加了孩子和父母对学校的感情。这种效应增强了学生必须成为学校和课堂共同体成员的动机，其目的在于创建学习共同体，使学生受益。

小　结

在本章中，我们介绍了在学年开始前组织活动的重要性，提供了通过研究学生档案，与以前的老师、顾问和员工见面来为学生与家庭共同体的建立做准备的方式。我们还展示了如何通过各种联系和交流途径来设计对于促进课堂共同体的建立奠定基础的学年前活动。

在下一章，我们将会考察来自家庭方面的文化、语言和个人的资源是如何作为学生的社会文化、语言阅读能力、学术和思维发展的资源的。

参考文献

Aguilar，E.（2012）.Listening to students.*Edutopia.*

Cabarrus County Schools.（2014）.*Home：Faculty/staff：Maletta，Keith.*

Pink，D.（2009）.*The surprising truth about what motivates us.*New York，NY：Penguin Books.

Thompte，R.（2009）.*Kierkegaard's philosophy of religion.*Eugene，OR：Wipf and Stock.

第五章

教育共同体的学业优势

每个孩子都应该拥有一个支持者，一个对他们永不放弃的成年人，懂得建立关系的重要性，并且要笃信每个孩子都可能成为最好的自己。

——丽塔·皮尔森（Rita Pierson，2013）

> 信任、关爱和共情的培养是如何促进学生对课程的成功投入的？

马克·齐默曼（Mark Zimmerman）是一名有着12年资深经验的教师，在与来自不同种族、文化、语言和经济背景的学生打交道方面有着丰富的经验和培训经历。他在为二年级学生准备一堂有关奇数和偶数的数学课，我们对此进行了观察。他的课堂有23名学生，学生的数学能力参差不齐，一半学生接受免费或低价的午餐，7名学生的英语为他们的第二语言，他们有不同的语言背景、出生在不同国家和地区（包括拉丁美洲、中美洲和越南），4名学生已被确认有特殊教育需要，包括自闭症、听力缺损、听觉加工缺损和注意缺陷障碍。①

---

① 根据《残疾人教育法》，有13种残疾类型：自闭症、聋盲症、耳聋、情绪障碍、听力障碍、智力障碍、多重残疾、肢体残疾、其他健康障碍、特殊学习障碍、言语或语言障碍、创伤性脑损伤和视力缺损（包括失明）。多年来，马克接触到上述各类学生。

有些学生在家里会进行阅读和写作方面的练习，而有些学生的家庭在这些方面做得不多。像我们很多人一样，要保证学生能达到所期望的成绩标准，马克感到压力很大。作为马萨诸塞州公立学校的一名教师，他正按照数学课程的《共同核心州立标准》（简称为CCSS）（共同核心州立标准计划，2014）和《世界级教学设计与评价》（简称WIDA）及《2012英语语言发展标准扩展版》（美国威斯康星大学系统董事会，2012）实施教学。下面是他将要讲授的CCSS中的二年级数学课程标准：

表征和解答加减法问题
共同核心州立标准·数学·内容2.0A.A.1
使用100以内的加减法解决需要用一步、两步解决的词汇问题，包括在所有位置用未知数进行增加、去除、合并、分解和比较，例如通过画图或等式用未知数的符号表征问题。
计算20以内的加减法
共同核心州立标准·数学·内容2.0A.B.2
熟练使用心算来完成20以内的加减法。到二年级末，凭借记忆知道所有两个一位数的和。
演练多组等式以奠定乘法运算的基础
共同核心州立标准·数学·内容2.0A.C.3
确定一组物体（最多20个）的个数是奇数还是偶数，例如将物体进行配对，或两个两个地数；写一个等式表示偶数是两个相同加数的和。

资料来源：共同核心州立标准计划，2014

马克所在地区要求老师使用《数学系列探究》（TERC，2008）来教本单元的内容。下面是课程教材的节选：

定义奇数和偶数

许多年幼学生在用整数运算时会被陌生的奇数和偶数吸引。偶数可以用以下几种方式加以定义，包括：

- 2的倍数；

- 可以被2整除（指一个整数被2除后没有余数）；

- 一个整数乘以2后得到的数。

在二年级，学生给奇数和偶数下定义是以两人一组或小组的形式进行的，这与学生的经历接近。在这样的情境中，偶数会定义如下：

- 可以分成两个人数相同的组，不会剩余任何人的数；

- 可以按分成两对来分，没有剩余任何人的数。

二年级学生在思考和理解定义时需要形成心理表象。因此，重要的是用立方体和图画来演示上述想法。

资料来源：数学系列探究，2008

马克老师所在的地区还要求使用《2012英语语言发展标准扩展版》（威斯康星大学系统董事会，2012）来教授班里英语为非母语的学生。为了做到这一点，他必须为各种英语水平的学生认真做好计划。学生的英语水平可以分为：水平1——入门，水平2——形成，水平3——提高，水平4——扩展，水平5——联系，水平6——达成。6个学生中有1个处于水平1，3个处于水平4，2个位于水平5。根据WIDA标准，水平1的学生应该能"给单词和词组进行配对"（如"多于""少于""用带图的单词卡片做减法……"），水平4的学生应该能"与同伴用教具一起找到解决问题的线索……"，水平5的学生能够"对词汇问题进行分类"。当马克对课程做计划时，他认真地考虑了处于各种英语发展水平的学生能做的任务和活动的类型。

此外，他还需要对班里的每个学生实施个别教育计划。因此，在马克对课程做计划前，他必须将以下因素全都考虑到所做的事情中来：

·本州课程框架或标准（如《共同核心州立标准》）。
·课本、材料以及本地区或学校推荐使用的其他课程资源。
·有关英语学习者教育的规定。
·有特殊教育需求的学生的个别化教育方案。

请花一点时间来完成下面的反思活动。

反思活动

反思时间：请反思下面的问题并写下您的答案。

1. 请对马克目前所采取的步骤进行反思。您认为对他来说，进行教学准备的另外两个重要步骤或因素是什么？

2. 您列举的马克要采取的上述两个重要步骤或因素的目的是什么？

在前面的章节中，我们考察了营造一种氛围使关系和信任的建立成为开始新学年的关键要素的重要性。现在，我们将要审视我们建立的信任氛围和共同体可以用来促进所有学生学业成功的具体方式。我们还会提供一些教育工作者的例子，也就是"案例探究"。

我们的目的是展示学生、教师、家庭以及课堂共同体、学校共同体和整个社区之间的伙伴关系是如何转变成学生之间富有成效的交流互动，并促进教育改革所寻求的但从未通过单靠强制执行达成的各种学业成就的。在开始讨论前，让我们先来考虑这种合作是如何能够并切实对学习提供支持的。下面的讨论中我们会涵盖以下广泛内容：

- 传递所有学生都会学习的积极信息。
- 认可所有学生和家庭的才智对学习的贡献。
- 建立学习与人际、个人的联系。
- 营造相互关爱的学习共同体。
- 理解学业互动的过程和任务要素。
- 使学习可视化、一目了然。
- 利用学校的支持使学习有成效。
- 建立与社区的合作以促进学习。

传递所有学生都会学习的积极信息

本书中，我们所指的伙伴关系是两个或更多的人之间的关系状态。这些关系最基本的原则之一就是必须有爱心（Nodding，2005）。不过，在学校情境中的关爱意味着要具备两个重要的条件。第一，它是一种信念，相信所有学生都会学习，相信课堂是学生学会学习的场所。第二，它要求具备托斯尔特（Tosolt，2009）所指的交流类型，即学生和其他人（如家庭）能感受到他们是被关爱的。对于我们中的很多人来说，面临的一个挑战是我们可能不知道自己的文化之外其他文化表达关爱的交流方式。

英国心理学家约翰·鲍尔比（John Bowlby，1969）概括了影响儿童发展和照料的早期条件，并称之为"依恋理论"（attachment theory）。例如，在出生的第一年，婴儿学习利用来自成人养育者的可靠支持，并形成对这种支持的期待。通过重复、坚持和互动，婴儿开始与成人进行协作，建立安全感、自我意识，并能够识别照顾者的情绪。5岁时，当儿童进入学校，他（或她）会期待在家庭或别处一直受到照顾并由有爱心的成人继续下去，儿童懂得教师和其他人将会在学校与他（或她）一起工作。当然，尽管并非所有孩子来学校时都会有相同的经历，并且有相当比例的孩子经历过或正在经历心理创伤、暴力和长期压力（Craig，2008），但是我们必须慎重考虑学生和家庭是否能感知到我们的关心。这包括很多方面，即我们如何与学生和家庭的各个方面建立联系，尊重、重视并欣赏他们，包括他们个人的、文化的、语言的、经济的和全球的经验，以及在读写、学术背景和对思考学习的方式的理解上的差异（Zacarian，2011，2013）。

要理解感知方面的差异，重要的是承认美国的三类比例偏低的人群：有自主权的、自愿的和非自愿的（Ogbu，1992；Ogbu & Simons，1998；Tosolt，2009）。第一类包括少数族裔，如爱尔兰人和意大利人，他们与美国主流文化没有种族上的差异；第二类包括自愿来美国的人，如日本人、韩国人等，他们可能会体会到歧视，但发现主流文化的社会结构比他们自己国家的文化更讨人喜欢；第三类群体包括土生土长的美国人以及其祖先可以追溯到非洲、墨西哥以及其他地方的人，他们把自己确定为非自愿的公民。关于学生感知到的老师在人际、学业和公平方面的关爱的研究发现，代表主流文化的学生（前两类人）感知到的关爱与非自愿的、人数较少的学生感受到的是不同的（Tosolt，2009）。这一发现对于我们探讨关爱学生和家庭的概念非常有价值，对学生和家庭的关爱应该是什么样子，又该如何表现？做这件事的一个好办法就是保护学生及其家庭的信息。下表引用了托萨尔特（Tosolt，2009）做研究时用到的"学生对教师关爱的类型的感知"调查问卷，提供了收集基本信息类型的例子。

教师关爱的类型	很重要	重　要	不太重要
对于自己有时犯的错敢于承认			
当其他孩子找茬时帮助我			
帮助我解决与学校无关的问题			
冲我微笑			
保护我			
倾听我的说法			
当其他学生彼此之间不友善时参与进来			
给我的作文写下有帮助的评语			
让我问很多问题			
组织鼓励很多学生表达的课堂讨论			
使我对学校功课负责			
在关心学生方面很出名（来自以前学生多年来的评价）			
与学生及其家庭有持续的联系			
在校外以及暑期几个月提供支持			
对我保持好奇心			
喜欢教学			
努力使上课有意义			
努力在常规基础上使课堂生活受欢迎			
对他或她教的科目有兴趣，用大量的方法让我喜欢它			

反思活动

反思时间：请对下面的问题进行反思并写下答案。

1. 与一个同伴完成"学生对教师关爱的类型的感知"调查问卷，并讨论你们的答案是否相同。

2. 将调查问卷分成三类：人际的、学业的和公平方面的，讨论每一个方面对营造积极的学习环境的重要性。

让我们来审视凯利·布朗（Kelley Brown）的工作，思考营造积极氛围的重要性。

案例探究

凯利·布朗

凯利·布朗是马萨诸塞州的历史教师，是本年度马萨诸塞州伊斯坦汉普顿高中的获奖者。该地区大约30%的学生接受免费或打折午餐，17%的学生有特殊教育需要，4%的学生被确定为英语学习者。本地高中正在关注的一个问题就是使学生投入学习。我们让凯利描述一下她是如何鼓励学生投入的，她没有回答这个问题，而是把这个问题交给了她的学生。一个十一年级的学生回答道："当整个教室激发人去学习时，它会使每个人都想学习更多的东西。"

凯利仔细研究了所有学生的反应，发现了一些有助于学生学习投入的重要因素。她发现其中一种方法就是营造教师和学生、学生与同伴之间积极互动的氛围。她声称自己这样做的目的是为了让学生知道他们各自的想法，以及参与和讨论是受欢迎和需要的。

当我询问学生是什么促使他们在课堂上投入时，他们描绘的画面看起来像是这样的：课堂中会鼓励学生投入，有让人感觉舒适的积极氛围，没人会对他或她的参与加以评判。教师是友善的，懂得如何与学生在个人和学业方面建立联系。

此外，凯利谈到在每天的工作中她还会尽力保持某种状态：

> 每天我都努力保持和蔼友善、积极向上、给人鼓舞的状态，总是设想我的学生是最好的。保持积极性是使课堂环境让人感觉安全、值得投入的关键。
>
> 每天当学生进来时，我会询问一个简单的问题："大家都很好吗？"我会给学生回答的机会。这让我能够很快对班里的情况做出判断，了解是不是哪个人过得不好，需要我们去安抚。
>
> 营造积极的课堂环境不仅促进了学生的投入，而且是课堂管理的一种方法。每学期开学初我的目标就是"把学习确立为行为规范"。

尽管我们需要传递出所有学生都会学习的信息，但是营造积极的学习环境强调的是帮助学生认识到我们既珍视他们作为人的价值、也珍视他们作为学生的价值的重要性。传递这一信息的基本途径是尽可能花费时间与学生（以及他们的家庭）建立强有力的联系。凯利强调，为建立这些关系付出努力是重要的。

> 人际关系是让学生投入的基本组成要素之一。我喜欢认识每一个学生，将其作为一个人、一个独立的学习者。班里的多数学生会说我在推动他们努力学习。我给予他们富有挑战和复杂的工作，期望他们的成长和努力，但是我会带着慈悲心来做这些事情。如果期望学生投入困难的事，那么我愿意在放学后花时间与他们在一起，回复他们的邮件，在他们遭遇挫折时帮助他们，并真正努力去理解作为独立学习者的他们。我每天努力工作确保每个学生有安全感地参与，并让他们知道我关心他们的学习和他们本人。当他们做得好，有所进步时，我保证会给予他们明确的认可，有时会奖励一个贴画。中学生也真的喜欢贴画。

认可所有学生和家庭的才智对学习的贡献

像凯利·布朗和马克·齐默曼（本章开头介绍过的老师）一样，我们中的多数人在混合的课堂情境中工作，这需要我们进行差异化教学，并满足学生"个体的、公平的、公正的"多样化需要（Lotan，2006）。许多老师，尤其是高中老师，每天要教150多名学生，可能会将之看作令人气馁的任务。实现这一要求的一种方法就是识别、认可和重视学生和家庭成员的丰富资源，这也正是雷切尔·劳顿（Rachel Lotan，2006）所说的"明智之举"。

在与人交往时，我们对别人和自己在群体中的地位有感知，别人也是如此。科恩和劳顿（Cohen and Lotan，2014）在涉及我们的自我知觉以及对他人在学业、同伴关系以及社会上的信念时，用"地位高低"一词来描述这些认知。两种办法会对处理社会经济地位高低的问题有帮助。首先，我们必须承认有多种不同的智力类型；其次，发觉这些智力类型的一个重要场所就是我们的学生和家庭群体。将这些智力带到学习工作中的关键是对学生及其家庭尽可能地进行密切观察、访谈和互动。基于各种理由，我们都应该做好这件事情。

识别每个人所具有的优势，并把它们吸收到学习过程中是很有益处的。如果我们真正在做这件事，那么它带给我们的支持就不只是对学生的关心，而是会在很大程度上促进我们彼此之间的关心。对学生及其家庭进行观察、访谈，以及进行互动的另一个重要原因是将所学东西与对学生而言有意义的内容联系起来。

建立学习与人际、个人的联系

尽管让所有学生遵循课程标准的要求、英语学习者执行英语语言发展标准、对有残疾的人实施个别教育计划是重要的，但同样重要的是要帮助他们找到学习的意义。寻找学习意义的一种有用的途径是从社会公正的角度出发，确保所采用的方法是使学习与学生的人际交往和个人有关的（Freire，

1993）。尽管我们在计划和讲授课程时可能不会考虑这一要素，但它是一个可以利用的重要机会。

让我们回顾一下马克关于奇数和偶数的数学单元的教学计划。在这一数学概念中他可以找到社会公平的问题吗？当马克考虑这一点时，他注意到许多学生课间休息回来后有一些担心，原因是一个学生声称有个同学对没有朋友一起玩的同学十分专横，因此经常担忧在操场上会发生"不公平"的行为。马克开始从学生感受到像"格格不入的人"或与之相对的感到被包容时所发生的事情的立场上来研究公平和公正的概念。他利用这些想法来帮助学生探讨奇数和偶数的数学概念。他发现从这一重要立场出发去接触这些概念可以帮助学生投入他们要学习的主题。他使用数学语言——奇数、偶数、组成偶数小组，以及其他术语、词汇和词组，支持学生使用这种语言描述课间发生的当他们感到被包容并成为团体成员时的情况。因此，帮助学生使其愿意投入学习的一个重要方法就是将所学内容与对他们来说有意义、有关的问题联系起来。这是作为有思想的教育工作者必须养成的态度。我们必须带着对学生及其观点的共情去思考和行动，以此为出发点来影响我们为学生设计的学习体验。

反思活动

反思时间：请对下面的问题进行反思并写下答案。

创建一种社会公正的组成要素，将不平等的后果与下面的一个或多个课程主题建立联系，使学习对学生更有意义。

---

a. 初中有关内战的学习单元。

b. 高中数学课的概率单元。

c. 小学科学课（根据年级水平来选择）有关环境的内容。

营造相互关爱的学习共同体

另一个重要部分是期望学习共同体中的所有成员能够相互关心。按照这一思路，两两配对和小组工作的重要特点是期待出现观点、学习习惯和交往互动中的差异。我们不应把这些作为阻碍我们使用这一方法的理由，而是当它们出现时，我们必须设法解决问题，这样就不会妨碍交互学习的正向流动和目的（Chiu，2004）。合作中相互关爱、自我调节的氛围不只是将误入歧途的事情扼杀在萌芽之中，而是营造一种氛围，在这种氛围下可以看到团体成员（包括能力最低和最脆弱的）都会得到关爱——会有明确的协议事先说明如何处理可能会引发影响彼此信任与观点分享的情境。

高中教社会课程的教师凯利·布朗讨论了她在缩短花费在讲课上的时间所经历的压力，期间她用这种方法来管理自己的课堂。

案例探究

凯利·布朗

几年来，我害怕让学生有太多的时间掌控课堂，因为我不相信他们有能力带领我们步入"正确"的方向（现在我依然有一点恐惧）。之后，我开始发现，最让学生投入、最成功的任务是要求他们制订计划、在学习中做出选择、犯错误、体验适度水平的挫折。当问到班里最吸引人的活动时，学生以压倒性的优势选择了包含上述要素的活动。模仿、模拟会议或听证会、全班的哈克尼斯讨论会（由菲利普斯·艾克赛特学院提出的）位列学生喜欢的活动名单前列。在哈克尼斯讨论中，学生必须在没有教师的督促下在整个小组的讨论中回答一个真正的历史问题。这要求学生准备与问题有关的不同材料。所有学生必须相对公平地参与活动。他们设置议程表、相互提问、分析材料、分享引文，形成与材料和真实问题有关的分析报告。所有这些都是在没有老师参与的情况下进行的。当他们"带路"时，我就坐在一边做笔记。这些任务中没有一个是可以轻松完成的，通常需要多个步骤，不断改写，不断冒险，不过学生们自己觉得很吸引人。我的形成性和总结性评价表明，与其他任务相比，这种形式的教学使学生对材料的理解更为深入，也能够保持更长的时间。

营造关爱的学习共同体不应该局限于一个学生班级。重要的是要考虑可能参与到这个过程的整个团体。戏剧和演讲专家爱丽丝·梅（Elise May）、在纽约华盛顿港联盟自由校区教授英语为第二语言（ESL）的教师苏珊·戈德斯坦（Susan Goldstein）和露西·盖布尔（Lucy Gable）强调，这很有可能将不同年级的学生囊括进来。他们称其项目为"多元文化辅导：构建英语为第二语言的学习共同体（Multicaltuall Mentors：Building Community with English Larguage hearner，ELLS）"。这里他们描述了本项目的目标，以及为实现目标所面临的一些复杂问题。

案例探究

爱丽丝·梅，苏珊·戈德斯坦和露西·盖布尔

多元文化辅导项目的创建旨在加强文化交流，为小学和初中英语为第二语言的初学者提供指导。该项目由华盛顿港教育基金会（the Port Washington Eduatoion Foundation）提供资金支持，教授第二语言的教师和戏剧、演讲专家共同合作来开发学习活动，为小学和初中学生提供相互提升的学习体验。辅导的一个目标是丰富学生的情绪体验和文化意识，这是小学和初中英语为第二语言课程的重要组成部分。项目还对学生在人际交往方面的语言提升提供支持以获得有效的人际沟通。戏剧及演讲工作坊会营造安全、探索性的环境，为学生提高英语成绩做准备。阅读和写作经历给学生提供了有效的阅读理解和通过书面语言发表自己观点的方法。

这些挑战强调教学是一个动态过程。尽管我们可以营造自认为设计最佳的计划（或者教科书也可以给我们提供这些），但是实际执行时要高度依赖学生的参与或他们对学习过程的投入。当学生没有投入时，我们必须寻找解决的办法。这就是教学艺术发挥作用之处，它取决于我们创造性地构建投入的学习者团体。让我们看看苏珊·戈德斯坦和露西·盖布尔所设计、所做的使这些成为可能的事情，以及他们对结果的评价。

使用一本名为《会说话的铅笔盒》（*The Cragon Box That Talked*）的儿童读物（Derolf& Letzig，2011）作为指导课文来激励和培养学生表达自己的文化，强化了每个人都是独一无二的观点。课文适合当作指导，让初中生扮演解说者的角色，而小学生变成最初不能和睦相处的不同颜色的铅笔。在项目期间，学生进行了各种模式的阅读，在有句子提示的情况下根据指导课文的启发写作说明文。

同伴之间的指导丰富了小学生的写作课程，这是由于小学生在写有关自己独特品质的句子时，高中生为他们提供了支持。在这种写作练习中，我们

试图尊重每个学生的发言权、背景和经历。

最终展示的录像表明学生在不同水平上均获得了进步，形成了合作共同体。让高中生作为年幼学生的文化向导和导师有助于提高高中生的能力，同样，小学生作为高中生的支持性的、真实的听众，培养了他们的自信心。在反思时，一名小学生分享道："我学会了要大声地、慢一点地讲话。"而一个高中生分享的则是："我懂得当你面前有很多人时，你从来都不必害羞。"

当最初不情愿参与项目的那个学生取得意料之外的显著改变时，这进一步增强了我们的成就感。整个过程中，他的参与变得越来越热情，当一名高中生在表演那天生病时，曾经不情愿的学生自信、冷静地自愿表演额外的部分。我们在学习共同体中培养的支持性的同伴关系网巩固了学生的主人翁意识，使他能够拓展到舒适区之外，体验成功。

理解学业互动的过程和任务要素

同样重要的是，通过有意将学生进行不同的配对或分组（如男孩与女孩配对，不同语言、文化、种族和经济背景的学生配对），可以补救学生的身份问题。这会促进我们实现目标，即帮助学生理解与他人一起学习和相互学习的益处，为他们成为民主社会的公民做好学校内外的生活准备。为了做好这一点，需要我们花时间来明确这些问题，讨论那些难以预料的困难或者是可能引发的矛盾，这是在合作学习中任何小组活动过程都会出现的常态（Cohen&Lotan，2014；Zacarian，1996，2013）。在仔细审视这一问题时，与其他人的互动包括过程以及结果或任务。

当我们安排一项互动任务时，我们应该预料到学生对于他们的学业、同伴、社会身份、工作习惯和其他行为基于应该如何完成任务都有自己的信念和认知。如果我们不去干扰或问题出现时采取补救措施，他们将会基于这些信念和认知来慎重考虑任务。为了达到讨论的目的，让我们来看看马克·齐默曼安排的任务。他的任务是让小组提出三个有关奇数和偶数的词汇问题。他应该预料到在小组互动时学生的差异和压力会接踵而至。詹姆斯（James）是一个小组中的学生，他自认为别人觉得他是数学能力很强、身份优越的学生。当我们观察他在马克安排的小组中的表现时，我们注意到詹姆斯比任何人说的话都多。卡地亚（Katya）也是这一组的成员，她在数学学习方面有困难，认为自己提不出任何问题，因此我们没有听到她在小组中的发言互动。对于班级或小组来说，我们应该事先研究哪些信息以保证他们在一起的工作是尽可能合作的、受尊重的呢？

小组规模是需要重点考虑的。一个比较实用的建议是小组规模不要超过4~5人，可以先让学生以2人或3人一组工作，然后再在小组中进行，这样每个人都有机会参与，而且必须这样做。鼓励公平互动的另一种重要方法是对学生角色的安排（如促进者、记笔记的人）。这还包括周密制定学生进行小组活动时的教学日程和练习。我们还必须认真思考在学术任务的互动过程中期望学生做什么，我们想让他们能够有意识地觉察到这一点。也就是说，我们希望学生会问："当我们工作做得不错时会是什么样子？怎样才能获得高质量的成效？"

纵观本书，我们一直强调的重点就是要想学到更多的东西就要多谈论、多交流。多谈论、多交流对于学习十分重要。人类使用语言来行使各种功能，传递信息和知识，对周围的世界提出问题，表达我们的感受、意见和立场，交流我们的创造性或富有想象力的观点等（Halliday，1985；Peregoy&Boyle，2008）。小组活动是提供互动机会的重要方法。根据研究异质性和小组工作的学者伊丽莎白·科恩（Elizabeth Cohen，2006）的观点，使用这种方法必须具备特定的条件。完成的任务应该是对观点的理解和应用的概念式思考任务，还必须包括学生从事这类任务需要的资源。这些资源包括思考技能，我们想让学生使用的语言或词汇，以及我们所了解的学生成功完成任务所需要的任何信息。知道这些是必须的，因此马克给他的学生提出了明确的学习任务、内容词汇，以及表达数学概念背后的思维模式。他还根据课程标准、英语语言发展标准以及当地的数学教材来决定学习的目标和目的，设计了实现这些目标的任务和活动。

使学习可视化、一目了然

一旦我们理解并重视创建互动学习空间的重要性，那么最基本的就是要设计清晰的任务和活动，使每个人（学生及其他人如父母，与学生一起工作的特殊教育、双语教学、第二语言为英语的工作人员）了解学习的目标。学习任务和活动必须是有意义的，使学生愿意投入，能够看到学习的价值。为了获得预期效果，应该允许学生掌控自己的学习。教授高中社会研究课的教师凯利·布朗讨论了这样三个要素。

案例探究

凯利·布朗

在一节有关世界政治的课上，在开始学习每个单元前学生先做前测，要求他们通过使用符号来对本单元的目标做出回答，圆圈表示"似乎是有趣的"，方形表示"可能是枯燥的"，对号表示"了解有关的一些内容"，星号表示"会有挑战性"。从第一天开始，学生就开始讨论并与学习目标建立联系，这是因为他们知道学习目标是什么。学生会定期拿出目标并在1~3的量表上计分（1=我还对此没有理解，2=我理解了但是不会举例，3=我理解并能给出具体的例子说明这指的是什么）。

在"家里的政治"这一单元，一个主要的目标就是学生能够对"失去家庭"是如何影响个人的优势、行动和从事政治的能力做出评价。学生开始本单元的学习时用四种符号进行前测。这会帮助我了解什么是有效的，什么是无效的、需要进行调整的，以帮助学生与他们的学习建立联系。在本单元中，学生学习国际移民和难民，关注的是柬埔寨内战和种族灭绝。因为我们镇有相当数量的柬埔寨人，所以这有助于让学习变得有意义。在本单元中，学生从各种学习材料中进行选择，其中包括博客、视频、个人陈述、社区应邀嘉宾以及传记作者。通过创作或设计虚构的难民故事的手工制品，将直接指导、模拟、访谈、阅读和研究结合起来，使学生能够建立知识基础，展示他们对目标的理解。

所有学生都饶有兴趣地、以真诚和谦虚的态度投入到本单元的学习中。一名学生对本学期的评价是："让我感到震惊的是我认识的人不得不经历这样的苦难。我不知道怎么办。"当我第一次开始教学这一单元时，我错误地假定柬埔寨学生了解所发生的事情，但是他们并不知道。我知道许多学生出生在难民营，对这段历史知之甚少。一个学生与她的父母相处不愉快，她努力承受他们施加给她的要她成功的压力。她被这个单元吸引了，帮助我解决了柬埔寨手工艺品的课题。她与父母交流我们的学习。当设计她的课题时，她向妈妈讲述了她的"日志"，她的母亲将其翻译成高棉语，这样她的父亲就能用高棉语读懂她的日志了。一天下午放学后，我们坐在教室里讨论这一单元，她眼含热泪地对我说："我明白了。我理解我的父母来自什么地方了。我从未知道他们所经历的苦难。我明白为什么他们想让我成功，为什么他们要让我铭记他们的想法。"她决定进一步拓展有关目标的学习，在经过无数个小时的访谈和编辑后，她制作了不同寻常的纪录片——《伊斯特汉普顿的柬埔寨团体》，我们还在当地社区进行了放映。她的工作告诉我，有意义的自我指导的学习可以对一个人产生真正的影响。

利用学校的支持使学习有效

尽管我们可能会认为课程是课堂上发生的事情，但是也需要考虑到当我们从学校、家庭以及社会吸取资源时会出现的学习类型，这一点也很重要。例如，马克的班里有位学生患有自闭症，该生的个别教育计划要求他在教学助手的帮助下主动参与课堂。尽管马克和教学助手想让学生参与，但是他的社交水平与其同伴截然不同。因此从学校共同体中寻找能带来最有积极成效的支持，以帮助学生进行交往互动是有益的。

例如，加拿大马尼托巴省温尼伯市的语言表达病理学家莫林·朋克（Maureen Penko）所做的工作就提供了上述这种支持。她寻找方法以帮助学生开发交往技能，采用的是卡罗尔·格雷（Caral Gray，2010）称作"社交故事"的方法与同学互动。下面请看莫林是如何通过这些讲故事的活动改变学生的状况的。

案例探究

莫林·朋克

使用视觉技巧是帮助儿童发展交往技能的有用方式。在与三年级教师就一位在谱系障碍上的学生交流时，她谈到有些学生在尊重个人空间、进行眼神交流、依次交流、打断别人等方面也存在困难。我们商议也许通过讲故事的方式可以增加学生对适当行为（尤其是在课堂上）的重要性的领悟。因此，使用卡罗尔·格雷的交往故事来培养学生的理解力，建立适当的社会交往行为的想法开始落实了。

作为口语和书面语言方面的病理专家，这是我非常熟悉的领域，因此使用这个概念来与教师合作促进更多学生的发展是一件令人兴奋的事。于是我们开始研发下面一系列故事书:《我的身体做什么》《我的说话书》《我的眼睛朝哪看》《脱口而出》《互换的乐趣》。当与两个孩子同时合作时,故事的内容逐步展开。发言人(Sentence Starters)先引出学生的观点,然后我们再增加他们制作的图表。他们将故事个性化,用自己的姓名代替作者,给他们的书增加生动的细节,在重要词汇下面画线,在结尾处添加一个笑脸。整个班级盼望着这些书完成后被大家阅读。教师建议给班级图书馆增加这些独特的书供其他同学阅读,这有助于强化交流行为。因为同学喜欢他们的书,学生的自尊、自我价值感和地位等发生了显著的变化。词汇、理解和适应的行为在课堂中保留下来,因为学生会经常阅读这些书。不过在自我监控和交往方面的细微表情不是容易改变的事。因此,可以回到画板上来看决定使用什么学习工具。我们可以使用加西亚·维纳(Garcia Winner, 2007)有关人际互动的技术和反思。在课题展示和同伴分享时,我使用iPad来记录创作图书的学生的视频。之后,学生有机会看到视频,就他们所看到的与我一起评论。使用观看自己视频的方法进行自我反思是很有影响力的,因为学生不仅喜欢看到剪辑的视频,而且会从相关书籍中选择关键词来表明他们做的是什么。科技是他们每天学习的组成部分,使用这一媒介很流行,同时也让学生进行自我管理。我们知道语言和交往技能需要在日常生活中发挥作用。有效地表达观点和身体语言可以决定别人在交往中和学习环境中会如何看待我们。帮助儿童理解和管理他们的行为十分重要,可以培养他们的自我管理技能、复原力、自我感知、成功社交,培养他们的心理健康和幸福感。当学生完成学业时,他们会体验到更多的认可。

利用好学校是使学习有效的必要条件。它给学生提供了额外的机会与其他人进行有意义的互动。当学生用不同水平的专业知识为同伴提供支持时,就会鼓励那些努力获得自信的学生去懂得"如果她能做出示范,那么我可以

教育共同体:
家庭、学校、社区共育实践指南

想象自己做的情形"。这也强化了给予权利的感觉和学生进行示范的能力。每个人都是赢家。实践中另一个很好的例子来自兰卡斯特县印第安纳国立高中教授英语为第二语言学生的安吉拉·根特（Angela Ghent）。请阅读下面有关安吉拉和学校所做的关心新学生以支持提高他们英语水平的事例。

案例探究

安吉拉·根特

校长戴维德·沙姆博（David Shamber）会亲自与这些移民学生接触，并且有的放矢，使他们能够感受到自己是学校共同体的组成部分。他会在午饭时去看望他们，确保他们和朋友坐在一起。他意识到当这些学生学习用英语来说更多的话时他们在行为上的变化。他还会在公共场合表达对他们的认可，对于他们的学习成果给予奖赏。他为教师、咨询者、管理人员确立了一个基调，就是要热情地欢迎这些学生，做更多的事情来满足他们的需要。

教师出于关心经常会在走廊里把我拦住，询问有关学生的个人问题。他们想了解学生，但学生不会说英语。我通过开展双语活动来帮助学生撰写个人故事。然后我会为学生提供机会，与管理人员和教师分享他们的故事。

我为写作过程提供支持的方法是对学生进行访谈。学生通常会用他们的母语和我交流。如果学生可以用母语写作，那么我们就只能使用谷歌进行翻译。我先把问题用英语打出来，学生用母语读出来，然后他们再用母语回答。我对西班牙语的熟练程度为中等水平，因此如果学生讲西班牙语，我们也可以进行交流。如果课堂上其他学生讲的是通用语言，那么我会给学生布置任务，让他们提问使故事展开的支持性细节。然后我会示范如何用英语来写故事，之后会翻译成学生的母语。这样学生就能看到用两种语言写的故事。我们会从故事中选择关键词让学生学习。

在学生完成故事并能用两种语言来理解故事时，我会给他们提供机会与楼里的其他工作人员分享他们的故事。如果学生是刚来的，我会把故事打印出来，只发给学生所选择的老师。通常情况下，老师们会顺便交流一下故事。当学生已经掌握一些阅读和表达技能时，我会安排学生与校长见一次面，让学生用英语大声朗读故事。为了表达对学生的尊重，未经本人许可，老师是不会把他们的故事进行分享的。

借用文学课的术语，新来的学生不会讲英语，因此缄默其口。对教师来说，他们是"平淡的人物"（Flat Characters）。新来的学生可以向教师讲述自己的故事，并通过写作来谈论自己以成为"丰满的人物"（Round Characters）。大体上，我们对学生的生活了解得越多，就会越关心他们。

建立与社区的合作以促进学习

我们能够也应该从整个社区寻找支持。如果我们的目标是让学生进行大量互动的话，那么我们就需要发挥创造性使更多的人参与其中。下面我们将列举两个事例来思考如何实现这一目标。

恩蒂娜·帕利奥斯（Ntina Paleos）是纽约乔治·休利特高中的一名教授英语为第二语言学生的教师。在下面的例子中，她描述了自己所做的各种不同活动，以确保英语为第二语言的学生能够融入到学习过程和团体中来。让我们来聆听一下她是怎么描述所举办的活动，以募集到各种资源来为学生的学习提供支持的。这些资源包括不同年级的同伴、毕业生以及其他人。当您阅读她的描述时，请考虑一下恩蒂娜让学生与她之间、学生之间、学生与学校以及学生与社区进行互动的方式。恩蒂娜还讨论了营造建立在真正的相互信任基础上的环境的重要性。

案例探究

恩蒂娜·帕利奥斯

我不仅仅将108教室看作是教授英语为第二语言课程的教室。我喜欢将它视为多少年来形成的学习共同体，包括英语为母语的在读学生、已毕业的英语为母语的学生、来自主流群体的学生、周围社区居民中的资深志愿者、从事高年级项目的高中高年级学生，以及来来往往的经常到访的毕业生。这难道不让人感觉混乱吗？不，那里简直就是天堂！

我知道我想让学生用英语来进行真正的交流。我需要赢得周围社区的合作来创造一种不仅由于说母语的人的存在而需要使用英语来发挥作用的环境，而且要激发和鼓励我的学生去接触语言，而不是按照传统语言习得的方法进行机械训练。我希望学生学会英语，不只是为了分数，而是为了能够感受到与美国学生、学校和当地社区的其他成员进行交流的喜悦。

我意识到最有价值的教学资源在108教室之外。他们在过道中走动，在咖啡厅和公共区域逗留，在家中、在高级中心玩麻将，在汉堡王。我并非冒险去社区，而是把社区带进来。我需要吸引在语言方面具有丰富资源的社区成员进入课堂，成为教学团队的成员，这将会对用真实、有意义的方式来学习英语有促进作用。

首先，我采用的是开放的政策。对我来说这需要一点勇气。我需要有可供使用的计算机、课本和其他随手可见的资源，以吸引校友（以前的学生）进来。在给一个班授课期间，会有未注册的学生出来进去，我必须平衡好这两者之间的关系。我最终将时间限制在课程的最初10分钟。毕业的任何学生想要进来使用资源、当指导、做贡献、旁听或只是想体验一下我们的学习共同体的关系，都不能超过10分钟的停留时间。进来的学生经常是几年前已毕业的英语流畅的学生，他们年复一年地被邀请回来。他们不仅在学业方面给学生提供帮助，而且扮演角色示范来指导他们的同伴，鼓励同伴像他们以前那样克服挑战。

我们的学习共同体中其他有价值的成员是社区组织的成员。许多来学校的人是退休教师，他们慷慨地把自己的时间奉献出来用于指导和辅导学生。每天教室里至少会有一位志愿者，他们被邀请来参加课堂展示和多元文化的舞会。他们已经成为我们所认可的孩子们的祖父母，为课堂奉献了太多的智慧。

与祖父母一样，进入108教室，你会发现某些主流学生，他们已经报名教授某些课程，作为高年级学生课题的组成部分。这些学生和我在一起实习一段时间，然后策划好课程，讲授1天或2天。英语学习者喜欢让主流学生来教授我们的课程。这些学生多为在美国出生、有朝一日会对从事教学感兴趣的学生。让美国出生的学生进来，并且与英语学习者建立关系，是搭建理解不同文化的桥梁的正确方向中的一步。

毕业生是学习共同体的另一组成部分。这些学生从高中毕业后被邀请回来做演讲，为我们的学生加油鼓劲。许多人会在9月回来，因为他们想家心切，渴望与高中的老朋友保持正常联系。我们通过脸书（Facebook）保持联系，毕业生们让我们知道他们生活中发生的事情。他们常常会给要毕业的高年级学生一些绝妙的建议，分享他们作为大学一年级学生的经历。

学科教师的加入，使教师和学生组成的英语为第二语言的团队更为完美。他们经常来我们的课堂，观察学生讲述PPT或背诵诗歌，或只是问候一下。在多元文化的庆祝活动中，学生一般都会正式邀请他们来参加。

恩蒂娜的工作强调了互动以及吸引更广泛的团体参与这一必不可少的过程的重要性。在她看来，互动并非分散注意或可有可无，而是学习的潜在机会。按照我们提出的教师与学生、学生与学生、教师与父母、父母与父母、教师与学校、学校与整个社区的图式，我们看到了恩蒂娜平时所做的以最大限度地调动学生的积极性、对学生提供支持的各种各样的活动。例如，学生在学习过程中不是被动的，恩蒂娜会营造一种让学生全身心、有目的地进入学习状态并在学习过程中获得支持的环境。此外，她还会吸收来自学生及其家庭的个人的、文化的、语言的、世界的和先前的学术经验，给他们提供获得这一重要经验的多种资源。

我们可能会认为恩蒂娜的工作及其所处环境有点例外，难以在我们自己的环境中（尤其是受课程和关系切身利益的测验所制约）复制。尽管我们所处的具体环境不同，但是指导恩蒂娜抉择的那些价值观也可以为我们提供指导。一些具有深远影响的研究发现，教师的态度、期望和学生的成就、态度之间是有显著相关性的（Bamberg，1994；Brophy，1982）。在我们的例子中，恩蒂娜努力追求的也是我们想要的环境，即安全、无忧无虑的环境，对于学生所在意的东西抱有很高的期望。为了达到这一目的，创造一个以无条件、广泛的支持为特色的学习环境是非常重要的。

克里斯蒂娜·拉巴迪（Kristina Labadie）是华盛顿的G.L.A.D项目（根据G.L.A.D项目的要求，克里斯蒂娜的工作包括为促进英语语言的习得、学业成绩和跨文化技能的提升提供专业指导）中一位语言习得与文学方面的辅导教师，她曾经在美国华盛顿州温哥华市担任四年级主流学生群体的教师。她懂得关心学生，懂得为学生提供学业发展方面的支持的重要性。回顾她担任四年级教师的经历，她承认自己在为提供学生所需要的大量互动方面能力有限，并分享了她是如何应对这种挑战的。她上课时发现，"8名学生需要实施个别教育方案，他们的阅读水平停留在一年级学生的水平上，其他几个学生的阅读水平也要落后一年以上"。此外，"班上2名学生有严重的行为问题，一半以上的学生讲的语言不是英语"。

案例探究

克里斯蒂娜·拉巴迪

几年前，我教过一个班，班里的学生在学业方面常常需要得到很多帮助。我们没有足够的时间，周围甚至也没有志愿者，更不用说满足需要了。我总是鼓励家长在课堂中给予学生帮助，与学生一起阅读，解决数学问题，或者采用其他不同的方式。不过，今年我没有得到很多反馈，因为许多家庭面临严重的危机。在年初完成评估后，我知道需要考虑打破常规来满足学生的需要。

那一年，我班里的许多孩子由单亲妈妈抚养，她们都相当年轻，心力交瘁或者说是倍感压力。班里一半以上的学生是几年前从别的地方搬来的。几乎所有的学生在经济方面都面临困境，或者需要为满足基本需要而奔波。两名学生想要藏在桌子下面，或者因为一点点微不足道的事情都会痛哭流涕。这些事实以及其他很多问题都促使我想到也许这个班需要的是一些爷爷奶奶。因此，我去物色并说服一对自己认识的退休夫妇，邀请他们在学校做志愿者。他们对自己能够提供什么相当怀疑，尤其是爷爷。此外，他们住在距离学校将近半小时车程以外的地方。不过，我感觉他们有能力与班里需要他们的学生建立关系。几个学生的母语不是英语，而我知道他的妻子是小时候移民过来的，因此她可以将英语学习中所包含的内容与学生的母语联系起来。此外，他们也有时间做这件事。

这对夫妇平易近人，他们每周来课堂两次，倾听学生阅读，与学生进行交流，解决他们的数学问题。他们除了认识我之外，不认识其他任何人，但是他们个性热情、充满友爱。其中爷爷是一位退休工程师，个头相当高。起初，这让我那群个头不高的四年级学生感到害怕，不过，这种情况并未持续多久，学生们很快就开始喜欢他，特别愿意与他谈论他们想要分享的课本上的有关内容。看到如此高大的一位男士与我那些很矮的学生走在过道中会是怎样一番景象！一个女孩每周都迫不及待地等着与奶奶交谈，并且提前计划如何充分利用好与她在一起的时间。有一天，这名学生告诉我她特别需要和那个奶奶交谈什么事情，我觉得"简直难以理解"。原来这名学生在课间休息时一直被人取笑她的口音，她想知道该说什么。

这对夫妇对我的班级来说就是福音！学生甚至邀请他们参加我们的年终舞会，想要他们签名，因为学生把他们看作是班级的一部分。不过，情况并不止这些。我最近了解到这对夫妇一直与某个学生保持邮件联系。更让人欣喜的是，当我搬到别的地方后，再让这对夫妇做志愿者就不现实了，但他们很喜欢这段经历，因此就在当地找了一所学校，并再次志愿给孩子们做名义上的祖父母，不断给学生的生活带来前所未有的重要影响。

反思活动

反思时间：请对下面的问题进行反思并写下答案。

1. 列出一些您在增加学生互动次数和质量以促进课堂学习方面的目标和目的。

2. 描述您是如何从学校以及社区获取资源来拓宽学生的互动次数的。请用尽可能多的细节来描述一下您所做的事情以及它是如何产生效果的。

作为教育者，我们经常会发现，当学生在茁壮成长，有时只是直接呈现出我们所努力教给他们的东西时，我们就会很开心。但是让人难过的是我们知道学生也会面临学业、社会地位、心理方面的困境以及其他重要的压力源。在这些情况下，我们会扪心自问：我们能做什么来发挥重要作用？

我们可以做什么来帮助学生在学校中取得更大的成功？这是当我们考虑做什么、为什么做的时候需要扪心自问的一个重要问题。换言之，我们能够而且应该如何寻找各自的方式来对多元化的群体提供支持，尤其是那些来自得不到所需服务的群体，为他们提供无条件的支持以及可靠、适宜、有用的学业经验，为他们作为学习者和人的成长服务？

小　结

本章中，我们对如何应用信任的氛围和共同体来促成所有学生的学业成功进行了探讨。我们将课程标准、英语学习者的英语语言发展标准、特殊教育的个别学生教育计划以及学校或地区的课程都考虑进来，讨论如何给所有学生传递他们都可以学会的正面信息，意识到所有学生和家庭都是有智慧的，可以为学习做出贡献，使学习与交往和个人有关，创建充满关爱的学习共同体，理解学业互动的过程和任务要素，使学习可视化、透明化，利用学校的支持来提升学习成效，与社区合作来促进学习。在下一章中，我们将会探讨如何利用课堂活动来为学生和家庭赋予权利。

参考文献

Bamberg, J. D. (1994). *Raising expectations to improve student learning.* Oak Brook, IL: North Central Regional Educational Laboratory. (ERIC Document Reproduction Service No. ED378290)

Board of Regents of the University of Wisconsin System. (2012). *2012 amplification of the English language development standards, kindergarten–grade 12.*

Bowlby, J. (1969). *Attachment: Vol. 1. Attachment and loss.* London, UK: Hogarth.

教育共同体：
家庭、学校、社区共育实践指南

Brophy, J. E. (1982). *Research on the self-fulfilling prophecy and teacher expectations.* East Lansing: Michigan State University, Institute for Research on Teaching. (ERIC Document Reproductions Service No. ED221530)

Chiu, M. M. (2004). Adapting teacher interventions to student needs during cooperative learning: How to improve student problem solving and time on task. *American Educational Research Journal,* 41, 365–399.

Cohen, E. G., & Lotan, R. (2014). *Designing groupwork: Strategies for the heterogeneous classroom* (10th ed.). New York, NY: Teachers College Press.

Common Core State Standards Initiative. (2014). Grade 2: *Operations and algebraic thinking.*

Craig, S. (2008). *Teaching and reaching children who hurt: Strategies for your classroom.* Baltimore, MD: Paul H. Brookes.

Derolf, S., & Letzig, M. (2011). *The crayon box that talked.* New York, NY: Random House.

Freire, P. (1993). *Pedagogy of the oppressed.* New York, NY: Continuum.

Gray, C. (2010). *The new social story book: Over 150 social stories that teach everyday social skills to children with autism or Asperger's syndrome, and their peers* (Rev. and exp. ed.). Arlington, TX: Future Horizons.

Halliday, M. A. K. (1985). *Spoken and written language.* Oxford, UK: Oxford University Press.

Lee, C. D. (2010). Soaring above the clouds, delving the ocean's depths: Understanding the ecologies of human learning and the challenge for education science. *Educational Researcher,* 39, 643–655.

Lotan, R. (2006). Teaching teachers to build equitable classrooms. *Theory Into Practice,* 45 (1) , 32–39.

Nodding, N. (2005). *The challenge to care in schools: An alternative approach to education* (2nd ed.). New York, NY: Teachers College Press.

Ogbu, J. U. (1992). Understanding cultural diversity and learning. *Educational Researcher,* 21 (8) , 5–14, 24.

Ogbu, J. U., & Simons, H. D. (1998). Voluntary and involuntary minorities: A culturalecological theory of school performance with some implications for education. *Anthropology & Education Quarterly,* 29（2）, 155–188.

Peregoy, S. E., & Boyle, O. F.（2008）. *Reading, writing and learning in ESL: A resource book for teaching K–12 English learners*（5th ed.）. New York, NY: Pearson.

Silverstone, M., & Zacarian, D.（2013）. Grade 2: Evens and odds: How many in all? In M. Gottlieb & G. Ernst-Slavit（Eds.）, *Academic language in diverse classrooms: Mathematics, grades K–2: Promoting content and language learning.* Thousand Oaks, CA: Corwin, 129-162.

TERC.（2008）. *Investigations in number, data, and space*（2nd ed.）. New York, NY: Pearson.

Tosolt, B.（2009）. Middle school students' perceptions of caring teacher behaviors: Differences by minority status. *Journal of Negro Education,* 78, 405–416.

Winner, M. G.（2007）. *Thinking about you thinking about me*（2nd ed）. San Jose, CA: Think Social Publishing Inc.

Zacarian, D.（1996）. *Learning how to teach and design curriculum for the heterogeneous class: An ethnographic study of a task-based cooperative learning group of native English and English as a second language speakers in a graduate education course*（Master's thesis）. Available from ProQuest Dissertations and Theses database.（UMI No. 9639055）

Zacarian, D.（2011）. *Transforming schools for English learners: A comprehensive framework for school leaders.* Thousand Oaks, CA: Corwin.

Zacarian, D.（2013）. *Mastering academic language: A framework for supporting student achievement.* Thousand Oaks, CA: Corwin.

第六章

课堂活动中学生和家庭的赋权

要想让学生在学校获得最大的收益，我们需要促进父母、学校领导、教师等多方面的合作关系。只有通过合作学校才能不断改进，保持正确的办学方向。

——苏珊·卡斯蒂洛，俄勒冈州公立教学督学（Susan Castillo, Oregon Superintendent of Public Instruction, 2003）

为了使作为合作伙伴的家庭和学生能够以学校共同体成员的身份主动为学习做出贡献，我们能做些什么？

凯瑟琳·莱顿（Katherine Leighton）是密西西比州某城市中学八年级的英语教师。为了帮助学生形成从多元视角看待问题的全球意识，她所在学校的社会研究和英语部共同设计了基于主题的学习单元，这些学习单元是以《共同核心州立标准》确立的英语语言艺术和历史或社会研究目标为基础的。在英语语言艺术课上，学生将会阅读描写经历过战争和国内冲突的青少年的有关现代书籍，而在社会研究课上他们将要研究中东当下发生的事件。凯瑟琳正在对推荐的一本书的节选作评论，其中包括《苏拉日记：一位少女在战争蹂躏下的巴格达的生活》（*Thura's Diary: A Young Girl's Life in War-Torn*

Baghdad，Al-Windawi，2004)；《我们只想生活在这里》(*We Just Want to Live Here*，Rifa'i & Ainbinder，2003)，讲的是有关以色列和巴勒斯坦的友谊；以及《我是马拉拉：一个为教育挺身而出遭塔利班枪击的女孩》(*I Am Malala: Gril Who Stood up for Elucation and Was Shoe by the Taliban*，Yousafzai，2013)。本单元研究的重要目标就是让学生获得有关现实社会问题的全球视野，培养学生从不同观点看问题的高水平思维与对话能力。下框呈现的是《共同核心州立标准》要求学生在阅读、听力和口语表达方面要做到的内容。

阅读——主要观点和细节

引用课文中的证据，能够对课文明确表达的观点和从课文得出的推论进行确凿的分析。

确定课文的主旨或主要观点，分析其在文中的发展脉络，包括人物关系、背景和情节；对文章进行客观的总结。

分析故事或戏剧中的特定对话线索或事件是如何推动行为的发生、揭示人物的性格特征或引发决定的。

知识和观点的呈现

介绍观点与发现，用相关的证据、合理有效的推理、精心选择的细节，围绕目标、条例清晰地强调重要观点；运用恰当的目光接触、合适的音量和清晰的发音。

展示中将多媒体与视觉呈现方式加以整合，以澄清信息，强调观点和证据，增加趣味性。

根据不同的情境和任务进行演讲，必要时或在适当的场合展示对正式英语的驾驭能力。

教育共同体：
家庭、学校、社区共育实践指南

给学生选择的机会

当凯瑟琳对本单元教学的各种可能性进行探究时，她和同事明白重要的一点是让学生对于所学内容可以做出选择。给予学生选择机会的信念体现了我们在第一章所介绍的丹尼尔·平克（2013）的动机原则。根据教育专家比恩（Bean）、丹克利·比恩（Dunkerly Bean）和哈珀（Harper，2013）的观点，这样做也体现了国际阅读协会、全国英语教师委员会以及全国阅读会议的政策。基于这样的考虑，凯瑟琳决定将她的班级分成几个小组，每组学生从所建议的书单中选择一本。她开始设计课程计划，让学生介绍在合作活动中获得的知识和观点。她认为有一种方法可以完成这件事，那就是通过课堂活动，让学生向他们的家庭介绍自己所学到的知识。凯瑟琳开始思考开展这类活动的可能性。

为什么这么做

在所有令人满意的伙伴关系中，有一点是确信无疑的，即伙伴是自己选择的，彼此热衷于自由选择的共同目标。因此，我们在介绍如何确定课堂和学校的活动时会特别留意，不会把这件事作为教师应尽的另一种责任，因为他们的负担已经很重，要做的事情太多。但是我们把它作为可以选择去做的某件事，为每个人都参与其中的共同工作带来一种变革性体验。尽管学校努力整合学生和家庭的伙伴关系的优势已经得到很好的证明，但实际情况是与他人有密切关系的、资源丰富的学生很容易从课堂和学校活动中获益（通常人们对此持怀疑态度），而在德尔皮特（Delpit，2006）、爱泼斯坦（Epstein，2009）、亨德森（Henderson）、迈普（Mapp）、约翰逊（Johnson）和戴维斯

（Davies，2007）等人看来，那些有残疾的学生仍然处于外围，参与活动遇到的障碍使他们被疏离在外。正如我们调整教学实践以满足学生的独特性和需要一样，我们需要做出同样的反应，以鼓励、支持所有学生和家庭去接触、利用课堂和学校活动的机会。

本章中，我们会介绍构建能够促进所有学生和家庭投入活动的理论依据，还会讨论在这个过程中利用家庭的经验和文化资源的重要性。跟前面的章节一样，我们会列举各种事例来说明主要的观点。

对伙伴关系重要性的理解

与欢迎学生、家庭进入课堂和学校的常规活动相比，较为常见的活动如开放日或家长会，能带来巨大的潜在益处。不过，要取得预期的成效，需要弄明白做什么。让我们来看看教师凯瑟琳是如何做的。尽管她和学生是课堂共同体的组成部分，但是他们也是更大的共同体即学校的成员。例如，某一天，在数学和英语（英语为第二语言）的支持课上，从事特殊教育的工作人员来到凯瑟琳的课堂，与挑选出来的学生一起合作，或者学生离开教室接受这些教师的支持或教学。此外，所有学生都要参与学校的体育、艺术、音乐以及图书管理人员和其他员工（包括学校管理者在内）参与的各种活动。在实际意义上，那些与学生一起工作以及代表学生利益的人，都是学校共同体的成员。

我们在本章中着重强调学校共同体的影响，以此来描述和说明课堂活动的重要性。我们还会展示课堂活动如何将所有家庭，尤其是那些通常情况下不参与学校活动的家庭吸引进来，密切关注在课堂学习共同体中如何提升学生的成绩和促进学生的投入。在开始讨论前，我们想强调一下教师与学校共同体（包括管理者、同事、后勤人员、父母以及其他利益相关者）合作的重要性。我们会说明这些伙伴关系是如何在课堂活动取得成功的过程中发挥重要作用的。

在本书前面的章节中，我们介绍了将学生和家庭视为丰富资源和财富的依据，以及将课程与学生及家庭的个人的、人际的、文化的以及全球性的经验建立联系的重要性。尽管课堂与家庭的联系是需要考虑的重要因素，但与学校的合作关系也是需要考虑的。设计和进行课堂活动的本质就是将学生（有时是）和家庭组织在一起。活动过程或活动本身要求得到大量的支持，以保证每个人都有充分的互动机会。因此，重要的是我们需要考虑获得同事的支持，以保证这些活动成功的可能性更大。

让我们来看看本章开头提到的例子，这可以说明将学校共同体纳入课堂活动的重要性。凯瑟琳·莱顿准备举办一个课堂活动，在这个活动中学生将会展示自己从家庭中了解的各种观点。她是如何利用学生、同事、家庭甚至是社区成员的支持与帮助共同计划、举办这一活动而非独自完成的呢？在回答这一问题前，我们先来了解一下她班里的学生。

30名学生几乎都居住在收入位于贫困线之下的家庭里，接受免费午餐。5名学生被鉴定为需要接受特殊教育：1名学生耳聋，需要口译；1名学生属于自闭症，学习上需要专门的帮助；3名学生在听力方面需要接受特殊教育的帮助，以满足他们听力方面的需要。班里还有6名学生是英语为非母语的学生，3人讲西班牙语，1人讲阿拉伯语，1人讲古吉拉特语，还有1人讲日语。有些英语为非母语的学生在母语方面具备适应学校学习的语言技能，而其他人则不具备本年级适应学校学习获得学业成功的语言能力。此外，有一些学生无家可归，住在收容所里。

反思活动
反思时间：请反思下列问题，并写下答案。
1.您在学校经历的让父母参与进来的活动会面临的障碍是什么？（如果您目前没在学校工作，可以参考您过去在学校环境中的经历，您注意到什么会阻碍父母的参与？）
2.根据您的答案，讨论凯瑟琳可以采用的更好地保证课堂活动取得成功的2~3个补救办法。

伙伴关系和课堂活动

　　基于课堂的活动并非目的，而是有效的方法，并可以在一定程度上回答这个关键问题：我可以做什么来更好地使学生和家庭参与进来。

　　当我们在规定的开放日和定期举行的家长会之外邀请家长参与我们设计的课堂活动时，会给他们传递很多有影响力的信息：

　　·我们对认识你们很感兴趣。

　　·我们重视你们的参与。

　　·我们的课堂是一个共同体，出于对您儿子或女儿共同的关爱，当我们在一起工作时会给您留有一席之地。

　　·我们认为让您有机会来了解我们是重要的。

教育共同体：
家庭、学校、社区共育实践指南

· 我们对您的问题和参与会很开心。

当成年人被邀请来分享学生的成功或来参与活动时，还会向我们的学生传递以下信息：

· 家庭成员和老师出于对你们的关心，会为你们共同努力。
· 我们会对每一份作品以及你们每一个人感到骄傲和激动，而且我们想要与家庭成员共同分享。
· 我们的学习源于兴趣、赞美以及对我们自己和家庭的骄傲。

为了激发这些活动的潜能，我们需要把活动看作是共同合作与工作的途径。对活动进行规划的第一个重要步骤就是查阅日程表。

根据校历制订最佳参与计划

不管我们在哪里工作，我们都需要根据学校日程表进行活动。当我们用谷歌来搜索"校历"（school calendar）这个词时，会搜索到9亿个结果。在开展这项任务时，我们看到的搜索列表上第一个日程来自阿拉斯加·安克雷奇（Anchorago Alaska）。为了理解如何用学校日程表来计划最佳活动，我们将它复制了下来（见下页）。

尽管每所学校或地区的日历也许会略有不同，但它们总会提供学业计划的简况。例如，在安克雷奇，学年从8月开始，在10月学生会参加本州的考试，学校会举办家长会。将日程表考虑进来有三个重要的理由：

（1）它要求我们遵循特定的日程表，安排教学和学习的进度，以及学习单元的时间安排和持续时间。

2014—2015年阿拉斯加·安克雷奇的校历

S	M	T	W	T	F	S
				7月		
		1	2	3	4	5
6	7	8	9	10	11	12
13	14	15	16	17	18	19
20	21	22	23	24	25	26
27	28	29	30	31		

S	M	T	W	T	F	S
				8月		
					1	2
3	4	5	6	7	8	9
10	11	12	13	**14**	15	16
17	18	19	(20	21	22	23
24	25	26	K-1	28	29	30
31						

S	M	T	W	T	F	S
				9月		
	1	2	3	4	5	6
7	8	9	10	11	12	13
14	15	16	17	18	19	20
21	22	23	24	25	26	27
28	29	30				

S	M	T	W	T	F	S
				10月		
			1	2	3	4
5	6	7	8	9	10	11
12	13	14	15	16	17	)18
19	(20	21	22	23	24	25
26	27	28	29	30	31	

S	M	T	W	T	F	S
				11月		
						1
2	3	4	5	6	7	8
9	10	11	12	13	14	15
16	17	18	19	20	21	22
23	24	25	26	27	28	29
30						

S	M	T	W	T	F	S
				12月		
	1	2	3	4	5	6
7	8	9	10	11	12	13
14	15	16	17	18	19	)20
21	22	23	24	25	26	27
28	29	30	31			

*可变更
**学生不到校

8月
14 教师的第一天
15 18 19 本州职业发展日**
20 开始上课
K-1 27 幼儿园到 1 年级开课

9月
1 劳动节**

10月
17 本州职业发展日
第一学季结束**
22 23 家长会日，学校安排和学生放假会变动
（查看学校的具体日程）
24 本州职业发展日**

11月
27-28 感恩节**

12月
19 本州放假，年级汇报日，第二学季结束**
22-31 冬季小假期**

1月
1-2 冬季小假期**
19 马丁·路德·金纪念日**

2月
16 总统日**
18 19 家长会日，学校日程和学生放假会变动
（查看学校的具体日程）
20 州会发布职业发展日**

3月
6 本州放假，年级汇报日
第三学季结束**
9-13 春假**
3/30-5/1 AMP（阿拉斯加测验）州测验安排
3.30-4.10：3—7年级
4.6-4.17：4—8年级
4.13-4.24：5—9年级
4.20-5.1：6—10年级

5月
21 结课，第四学季结束
22 教师的最后一天
25 纪念日假期

（ ） 学季开始、结束

07-24-14

S	M	T	W	T	F	S
				1月		
				1	2	3
4	(5	6	7	8	9	10
11	12	13	14	15	16	17
18	19	20	21	22	23	24
25	26	27	28	29	30	31

S	M	T	W	T	F	S
				2月		
1	2	3	4	5	6	7
8	9	10	11	12	13	14
15	16	17	18	19	20	21
22	23	24	25	26	27	28

S	M	T	W	T	F	S
				3月		
1	2	3	4	5	6	) 7
8	9	10	11	12	13	14
15	(16	17	18	19	20	21
22	23	24	25	26	27	28
29	30	31				

S	M	T	W	T	F	S
				4月		
			1	2	3	4
5	6	7	8	9	10	11
12	13	14	15	16	17	18
19	20	21	22	23	24	
26	27	28	29	30		

S	M	T	W	T	F	S
				5月		
					1	2
3	4	5	6	7	8	9
10	11	12	13	14	15	16
17	18	19	20	21	) 22	23
24	25	26	27	28	29	30
31						

S	M	T	W	T	F	S
				6月		
	1	2	3	4	5	6
7	8	9	10	11	12	13
14	15	16	17	18	19	20
21	22	23	24	25	26	27
28	29	30				

资料来源：安克雷奇公立学校，2014

（2）规定了例行活动的日期。

（3）对我们当前任务最重要的贡献是提供了确定课堂活动产生最佳成效、课堂研究取得最大成就、引导父母参与获得最佳可能的最佳日程。

除了校历外，还有一点也很重要，即熟悉不同社区的宗教纪念日以及社区成员可能会参加的活动（例如选举及当地的其他活动）。例如，在秋季，犹太人的节日可能会与课堂或学校活动冲突。还有一些穆斯林的节日（如斋月），禁食日会与包括食物在内的活动冲突。

我们前面提到的教师凯瑟琳会与同事一起交流、讨论课堂活动的日期。在最初会面时，他们拿来校历，用便携设备来确定各种节日信息和其他活动，这样就能通过头脑风暴决定课堂活动的最佳日期。

课堂活动的类型

课堂活动可以采用多种形式，它们大致可以分成以下四类，每一类有不同的目的。

· 为了交往目的建立共同体的活动。

· 使学习透明化的展示课程。

· 利用来自家庭的丰富资源。

· 建立家校共享的学习文化：吸引和支持父母。

为了交往目的建立共同体的活动

在学年中，早期行动会带来不同的结果，是营造积极氛围，还是不停地处理问题、试图追赶差距。当我们尽早与家庭保持接触，尽可能使家庭与学校建立愉悦的、方便的联系，那么就可以确立家庭成员与我们之间的基调，就可以扭转有些家庭把学校视为怀有敌意和不欢迎他们的地方的预期，也可以带来对学生及其家庭成员的新的认识。当家庭感受到被纳入课堂生活中时，他们更有可能对其子女的教育工作者产生积极的合作态度和期望，这常常会影响学生做出更坚定的承诺，在课堂活动中表现出更多的坚持（Hughes& Kwok，2007）。对我们来说也是如此。当我们感受到与家庭的伙伴关系时，我们更有可能对他们抱有合作和尊重的态度。

为了交往目的邀请家长进入我们的课堂，将他们凝聚在一起，尤其是在标准的开放日或家长会之前，可以对年初积极关系的建立产生很大影响。例如，在凯瑟琳所在的中学，她的同事们（包括数学、社会研究和科学课教师，专家，支持人员以及一位学校管理者）在开学第一周举办了开启新学年的（opening-of-the-year）家庭野餐。在这个活动中，家长和教师带着自己准备的食物来聚餐，享受与彼此在一起的时光。

交往活动的目的是邀请每一个人共同为学生和彼此开展庆祝活动。使用"邀请"这样的字眼，是因为我们是在请求家长参与进来，与我们一起做某件事情。正如本书前面讨论过的，我们认为重要的是让家长参与到与他们个人的、社会的、文化的经历相匹配的交往活动中。下面是我们可以努力去做的一些事情：

· 共同计划一个表示欢迎的社交活动。

· 积极主动地把不同家庭凝聚在一起。

· 将通知翻译成学生家庭所使用的语言。

· 考虑到如何联系没有电子邮件或电话的家庭。

· 找到一些父母或监护人，他们愿意邀请那些需要鼓励或帮助才来学校的家长。

· 让"迎宾人员"（包括新来的人）公布姓名标志，让家长参与讨论，与那些第一次参加学校活动的人建立联系。

· 要有翻译，他们是来自学生家庭所在的不同社区的成员。

    尽管组织一个简单的社交活动起初似乎需要付出很多努力，但是它对整个学年都能产生强有力的影响，能够开启超越这一活动内容本身的沟通和参与的渠道。例如将家庭面对面地聚在一起，开启了建立新的伙伴关系的可能性。正如一个家长曾经说的那样："当另一位妈妈跟我打招呼时，增加了我来学校的勇气。"此外，一旦类似的活动打破了僵局，我们就会更容易、更有可能反复去做这样的事情，并且以其他方式与家庭直接建立联系。

反思活动

反思时间：请思考下列问题并写下答案。

1. 请考虑举办社交活动的目标和目的。在特定环境中，您会计划什么活动？

2. 在您上面计划的活动中，您会和谁合作来展开工作？

    重要的是需要考虑学生家庭之间的差异。主流的美国文化非常看重独立和竞争，而集体主义观念体系的文化则更看重团体的和谐与关系（DeCapua & Marshall，2011；Hofstede，2001；Hofstede & Hofstede，2005）。我们在第二章曾详细讨论过这个问题，再次提到这一点是为了强调与家庭建立联系时，重要的是要考虑到与我们共事的家庭存在许多不同的文化。

    开展这些早期活动的目标是构建人际关系的交往基础。当我们了解到学生及其家庭的文化的和个人的处境，我们就能更好地筹划如何为他们主动参与学校生活提供最好的支持，也就有可能将文化活动融入课堂以此来肯定这些学生和家庭。

使学习透明化的展示课程

以课程为中心的活动在家庭方便的时候举行，并能够考虑到他们所需要的支持与鼓励，可以增加家庭的潜力，有力推动学生的学业投入。这些活动包括对学生成就的认可，如为了阅读组织的活动，或为了学生的写作举行的出版庆祝活动，以及诗歌沙龙、学生学习过的课程主题的辩论。活动使家庭能够看到学生正在学习的东西，甚至可以亲身参与进来。

这些类型的活动向学生表明他们所做的事情会通过课堂之外人们的关注而得到认可，学校和家庭会共同支持他们，让他们意识到家庭和学校是相互联系的，学校的要求旨在使他们获益而非与他们敌对。它们也给父母提供了从最佳的视角去看待其子女的方式，让父母可以更好地理解孩子，以他们为荣，感受到自己是学生学习生活的组成部分。即使对于那些不能实地参与的成人来说，活动也传递了有力的具有建设性的信息，即学校是一个努力以体贴的方式与他们建立伙伴关系，对学生提供支持的地方。任何出于自愿去建立共同体、降低参与阻碍的可选择的活动都是建立信任的举措。例如，当教师将邀请海报翻译后，私下与不能亲自来参加活动的家长取得联系，或者与拥有交通工具或其他资源的家庭建立联系，这些都是在传递一个信息：孩子所在的学校把家长作为孩子的学习伙伴给予关心。

不过需要承认的是，不同群体在对学校活动给予支持的能力上存在差异。课堂之外的安全也是一个问题，在上学前和放学后到达学校的时间会有不同，这是教师无法控制的。还有一些方法可以让家庭参与到真正囊括孩子学校活动的有意义的学习中。所有这些行动都有可能建立信任，产生可持续的影响，在一学年的课程和学生学习中发挥作用。它们也可能为今后的沟通、合作和信息分享奠定基础。事实上，这类分享对于需要给予鼓励的学生获得成功是很有必要的。家庭可以为教师提供有可能从未进入教师视野的重要信息。这一事实加强了理解、尊重和对学生家庭群体不同资源的利用。下面让我们看一下两位教师在这方面的实践。

亚历山大·麦考特（Alexandra McCourt）和西尔维娅·舒曼（Sylvia Schumann）在纽约东汉普顿小学教授英语为第二语言的学生，他们强调当我们与家庭、学校和社区合作时会产生积极的影响。让我们来看看他们的学生（也就是英语为第二语言的学生）是如何分享自己与各种群体的成员在互动中学到东西的。亚历山大和西尔维娅开始分享的是学生经常遇到的挑战。

案例探究

亚历山大·麦考特和西尔维娅·舒曼

英语为第二语言的学生面临的最大挑战就是适应并融入新的群体，与此同时还要与他们自己的文化保持联系。讲英语的学生与不讲英语的学生之间常常有一个分界线，为了在这个分界之间架起一座桥梁，使学生能够更充分地与群体成员进行互动，英语为第二语言的部门对教和学进行设计，这不只是为了满足学生在学业方面的需要，也是作为传播学校文化和学生家乡文化的途径。

在拉丁文化月期间，英语为第二语言的三年级学生集中研究和撰写学校中能够代表来自各个国家和地区的拉美裔重要人物的传记。学生们对来自世界各地处于社会不同地位的拉美裔所做的有影响的事件进行研究和讨论，然后开始创作传记海报，展示各个国家的名称和旗帜，以及每个有特点的人在世时所做的重要贡献。

接着学生们进行练习，在我们的全校集会（All School Meeting）项目中进行陈述，活动一般在每隔一周的周五上午举行，届时会邀请全校师生、学生父母和校外嘉宾。

在传记发布会前先安排的是展示已被收入英语的西班牙文字，并简要介绍保留本土语言和文化的重要性。听众中讲西班牙语的人可以直接与他们对话，并鼓励他们参与学校活动。英语为第二语言的三年级学生自豪地介绍传记，之后将它们陈列在学校过道显眼的位置，供所有成员观看。

在演讲结束后，父母和其他成员会走到学生和教师身边，对他们在全校集会中收集的大量展示拉美国家和文化的工作给予评价。拉美裔的成员为自己的国家有这些重要人物感到自豪和喜悦。此外，讲英语的父母及其他群体成员会谈论他们被拉美裔在社会中所做的大量贡献吸引。在与父母和群体成员的讨论中，教授英语为非母语的教师会邀请全体成员参与学校的国际遗产展览会，届时会通过音乐、舞蹈、嘉宾演讲、信息手册以及食物等形式来庆祝各种文化。

亚历山大和西尔维娅鼓励全学年都进行这种分享活动，以便学生在这个过程中可以不断地与同伴、家庭以及学校进行互动。他们的特色文化活动就是这类参与活动的示范。

每个月，我们从学校收集特色文化。我们要求学生与他们的家庭成员和社区成员交谈，分享、庆祝和接受来自全世界的习俗和传统。当学生及其家庭可以面对适应新文化和群体的挑战时，我们的希望是继续坚持，目的是与学校及社区中的每个人建立联系。

让我们重新回顾一下凯瑟琳，即本章开头介绍过的教授中学英语语言艺术的老师。她与学校里的各种成员合作，包括聋人教育工作者、教授英语为第二语言学生的教师、与学生一起工作的特殊教育工作者。他们想参加她计划的课堂活动。她还让学校的外联人员帮助她邀请家庭成员来参与课堂活动。外联人员还同意在活动中帮助凯瑟琳。在这些支持下，5个学生组成的小组从凯瑟琳提供的书单中选择一本，给他们的家庭成员讲述15分钟的内容。第一组要创作一个剧本，第二组要设计海报，第三组中每个学生阅读书中的一句话，并解释为什么这句话是有意义的，第四组要创作诗歌，第五组要写一首歌。

反思活动

反思时间：请思考凯瑟琳设计的活动。

1. 您认为该活动的 2~3 个优势是什么，请进行讨论。

2. 该教师需要注意哪两个方面以保证做得更成功，请讨论。

利用来自家庭的丰富资源

来自不同个性、社会、文化、语言和经济背景的家庭给我们的课堂带来了广泛的资源和经验，它们可以在很大程度上帮助我们，为知识的学习和阅读提供支持，让全体学生对整个社会有更全面的理解（Gonzalez, McIntyre, & Rosebury, 2001; Gonzalez, Moll, & Amanti, 2005）。我们可以通过认识和利用家庭的丰富资源来对家庭（最重要的是对学生的学习及其在学习共同体中的身份）加以肯定和支持。做法可以采取多种形式，但不限于此。

与学习和共同体有联系的个人或职业。假设有一位从阿富汗回来的士兵，你可以邀请他来与阿富汗人讨论个人经历。或者是一位昆虫学家，当他的孩子正在学习生命周期以及帝王蝶的迁徙模式时，你可以邀请他来讨论有关蝴蝶的问题。

与学习和共同体有联系的文化或语言。其中一个例子可能是特定群体中的资深家长，如来自厄瓜多尔小镇的讲西班牙语的妈妈，可以召集她来为同一个厄瓜多尔社区的新家庭提供支持。此外，还可以邀请父母到班里，分享能够体现当地文化、与所学的某个主题有联系或属于团体建设活动组成部分的民间故事、代表性食物或歌曲。

与学习和共同体有联系的全球经历。当孩子学习美国历史中的移民主题时，可以邀请父母来讨论她的移民经历。

与学习和共同体有联系的社会交往。可以请父母或祖父母到教室给学生朗读或聆听学生朗读。还可以玩棋盘游戏、教跳舞、与学生分享手工艺技能，给学生提供课堂探究学习目标之外的有意义的动手学习机会。

反思活动

反思时间：请反思下列问题，并写下答案。

讨论 2~3 个利用家长的全球经历或社交经验的活动。

建立家校共同的学习文化：吸引和支持父母

思考我们的课堂如何让家庭在孩子们的成就中发挥支持作用是一件重要的事情。尽管所有孩子都能从支持中获益，但由于语言障碍或学校信息的匮乏（从学校里经常发生的事情到高中之后的计划）等因素，一些缺乏这方面一手经验的家庭会处于劣势地位（Rowankenyon, Bell, & Petna, 2008）。因此，学校有机会搭建"脚手架"，以帮助资源较少的学生达到那些来自社会经济地位较高家庭的学生的起点。

家庭课程活动是一种使课堂中的教学活动变得更为熟悉的方式。它们也可以为家庭直接提供支持，或者帮助家长更好地理解其子女在学校学了什么。例如，三年级教师想让家长在学生练习乘法时给予支持，这是对父母希望得到更多的如何在家中帮助孩子的请求的回应。老师邀请父母到班里观看并完成学生正在学习解决的数学乘法问题。正如前面所说，当我们将时间安排好，可以保证家长出席的时候，那么这些事情就可以做得更好。与学校的工作人员合作，克服这些活动中可能会出现的各种障碍（如需要照看孩子、翻译）也是重要的。管理者、同事、向导和支持人员的支持，有助于使那些不可能的事情变成可能。例如，我们关注的教师凯瑟琳争取到同事的支持，帮助她解决了在课堂活动中照看孩子的问题。来自另一团队的一群学生，在学校管理者的支持下，提供了照看孩子的帮助。

建立学生之间的共同体

尽管活动似乎是针对家庭的，但是准备这些活动也会给学生带来意外的好处，让学生有动力，营造一种情境，让他们有目的感。在学生表演或展示作品时，共同为这一目标努力可以增加合作和伙伴关系的益处，使学生获益最大。下面我们来看看两位教师分享的有关学生合作的事例。

三年级教师：在有关马丁·路德·金博士生活和工作的剧本排练和表演期间，我的班级状态最好。他们在排练时对彼此有耐心，能够容忍同学在阅读中出现不流畅的问题，当整个小组为家人完成了这样一件出色的工作时，他们是如此自豪。这是我们班的最佳状态。我记得自己曾经不相信这是事实，怀疑"这些孩子是从哪里来的"，但他们一直就在这里，只是一直需要一个机会去展示。

九年级英语教师：对于我们的家庭故事项目，我们做了一次冒险，有意让学业成绩水平差异很大以及不可能选择去交往或合作的学生配对。这是使本次展示很有成效的地方。由于学生知道家人将会看到他们所做的，因此他们合作时展示出了最好的一面，并帮助彼此获得成功。在这个过程中，学生真正超越了他们在这种场合所做的事，展示出最佳状态，并帮助同伴在他们的特殊观众前做到最好。

反思活动

反思时间：请反思下列问题并写出答案。

1. 在学年初，您希望向学生和家庭传递所在班级的哪些信息和印象？您有什么方法可以用行动来证明那些信息？

2. 想象一下让家庭参与学校的活动有什么益处。

---

3. 想象一个您会举办的让家庭参与的活动。描述该活动，并用头脑风暴的方法列出您可能使用的能建设性地促进下列领域人际关系的方式。

- 学生与学生之间的互动；
- 家庭与家庭之间的互动；
- 家庭与教师、教师与家庭之间的互动；
- 班级与社区的互动。

小 结

研究表明，增加家庭参与和投入的机会，能改善不同人群的学习成效。不过，有必要采取积极主动的措施，以确保分割最困难的学生和家庭的分水岭没有在不经意中成为无形的障碍更加影响他们的充分参与。让家庭参与的努力可以成为我们所采用的促进家庭、学生、教师之间形成积极的建设性的伙伴关系基调的一部分工作。如果做法妥贴，总体上来说学生和家庭会感觉到自己是共同体的成员，这对于信任、态度和班级工作有积极的影响。

在下一章中，我们将会考察社区的影响力，考察一个关键的要素，即通过社区服务来学习。

参考文献

Al-Windawi, T.（2004）. *Thura's diary: A young girl's life in war-torn Baghdad.* New

York, NY: Viking.

Anchorage Public Schools. (2014). *Anchorage School District: 2014–15 school year calendar.*

Bean, T. W., Dunkerly–Bean, J., & Harper, H. J. (2013). *Teaching young adult literature: Developing students as world citizens.* Thousand Oaks, CA: Sage.

Castillo, S. (2003, June 12). The need for partnership between schools and communities is exemplified in Knappa, Astoria. *Daily Astorian.*

Common Core State Standards Initiative. (2014). *English language arts standards: Anchor standards: College and career readiness anchor standards for speaking and listening.*

DeCapua, A., & Marshall, H. W. (2011). *Breaking new ground: Teaching students with limited or interrupted formal education in U.S. secondary schools.* Ann Arbor: University of Michigan Press.

Delpit, L. (2006). *Other people's children: Cultural conflict in the classroom* (3rd ed.). New York, NY: W. W. Norton.

Epstein, J., Sanders, M. G., Sheldon, S. B., Simon, B. S., Salinas, K. C., Rodriguez Jansorn, N. R., . . . Williams, K. J. (2009). *School, family, and community partnerships: Your handbook for action* (3rd ed.). Thousand Oaks, CA: Corwin.

Gonzalez, N., McIntyre, E., & Rosebury, A. S. (Eds.). (2001). *Classroom diversity: Connecting curriculum to students' lives.* Portsmouth, NH: Heinemann.

Gonzalez, M., Moll, L. C., & Amanti, C. (2005). *Funds of knowledge: Theorizing practices in households, communities, and classrooms.* Mahwah, NJ: Lawrence Erlbaum.

Henderson, A., Mapp, K., Johnson, V., & Davies, D. (2007). *Beyond the bake sale: The essential guide to family-school partnerships.* New York, NY: New Press.

Hofstede, G. (2001). *Culture's consequences: Comparing values, behaviors, institutions, and organizations across nations* (2nd ed.). Thousand Oaks, CA: Sage.

Hofstede, G., & Hofstede, G. J. (2005). *Cultures and organizations: Software of the mind* (2nd ed.). New York, NY: McGraw–Hill.

教育共同体：
家庭、学校、社区共育实践指南

Hughes, J., & Kwok, O. (2007). Influence of student–teacher and parent–teacher relationships on lower achieving readers' engagement and achievement in the primary grades. *Journal of Educational Psychology,* 99 (1), 39‑51.

Pink, D. (2012). *To sell is human: The surprising truth about moving others.* New York, NY: Riverhead Books.

Rifa'i, A., & Ainbinder, O. (2003). *We just want to live here.* New York, NY: St. Martin's.

Rowan–Kenyon, H. T., Bell, A. D., & Perna, L. W. (2008). Contextual influences on parental involvement in college going: Variations by socioeconomic class. *Journal of Higher Education,* 79, 564–586.

Yousafzai, M. (with Lamb, C.). (2013). *I am Malala: The girl who stood up for education and was shot by the Taliban.* London, UK: Weidenfeld & Nicolson.

第七章

课堂之外学习圈的拓展：服务性学习

当我给老师写东西的时候，这件事只是对我个人有益。而当我们与高年级学生做一个访谈项目时，我们会学到很多东西，而且对他们来说也是有益的。的确如此，我们不只是在写另一篇文章，也是在书写某个人的历史，所以我们必须确保它准确无误。

——五年级学生

学生参与高质量的服务性学习，与下列重要成就在统计学上呈现显著正相关：

- 学业投入；
- 教育抱负；
- 21世纪所需技能的获得；
- 社区参与。

——美国教育委员会（2014）

哪些方式可以让学生在课堂之外为他人的福祉做出贡献，同时又可以增加对学习的投入？

学生在服务他人的过程中学习的事例很多。下面的两个例子可以说明学习是如何与课堂之外的世界建立联系的。第一个例子发生在佛蒙特州的蒙彼利埃，第二个例子发生在洛杉矶。

案例一：新学年伊始，一天都是高温，天气炎热异常。课间，蒙彼利埃幼儿园的孩子们发现操场上没有遮阴树，这对整个学校来说是个问题。他们通过家长、当地企业和政府官员的帮助，实现了为学校操场栽植遮阴树的计划，在这个过程中他们也学到了关于树木生命周期和成长需要的知识（KIDS Consortium，2011）。

案例二：在洛杉矶，十二年级的学生注意到需要加强市民对影响学校和城市的问题的参与。因此学生们与美国妇女选民联盟、登记在册的洛杉矶选民一道组织并开展了一次选民登记活动。在这个过程中，他们为同学们组织了信息集会，并进行宣传和游说，而且有了在投票站工作的经验（Los Angeles Unified School Distrist，n.d.）。

服务性学习的重要意义

综观全书，我们一直在强调如何通过建立合作关系、邀请他人参与的方式来利用学生、家庭、同事和其他人的不同观点、资源以及共同兴趣。对学生而言，没有什么比有机会为他人提供有益的服务这一更强大的动力源了。作为一种学习方法，它让学生有机会在现实世界里直接接触和实践他们正在学习的概念和观点。国家青年领袖委员会（the National Youth Leadership Council）将这种类型的学习定义为"一种让学生可以运用专业知识和技能来满足社会的实际需要的教学方法"。我们相信这种类型的学习能够提供课堂教学无法提供的理解的新角度，并且合作关系对于获得这些益处是很重要的。

本章我们重点关注的是服务性学习的影响、合作关系的建立以及与社区的合作。首先，我们会对公立教育中的服务性学习进行简要介绍，然后重点指出现代教育中产生的服务性学习的不公平现象。

服务性学习的历史溯源

服务性学习的现代起源可以追溯至100多年前美国心理学家和教育思想家约翰·杜威提出的教育理论，更近的可以追溯到20世纪70年代巴西教育学家保罗·弗莱雷（Giles & Eyler，1994）。在1990年乔治·布什（George Bush）总统签署《全国社区及服务法案》（National Comvnunity and service Act）以及1993年比尔·克林顿（Bill Clinton）总统签署《全国社区和服务信任法案》（Natinal Comuniey and Service Trust Act）后，服务性学习成为被广泛认可的做法。这两个法案的签署开启了服务性学习的发展新纪元，使学校有资格申请联邦基金来支持这项工作的开展。对联邦政府资助的研究显示，截至1999年，全国32%的公立学校赞助了服务性学习项目。截至2011年，几乎每个州都开始进行立法，成立了能积极推动服务性学习并为其执行标准提供指导的州教育政策委员会（Ryan，2012）。

服务性学习的公平问题

虽然服务性学习曾在全国范围内广泛推行，但从2011年后，联邦资金的缩减严重阻碍了它的发展。尽管一些州一直在用本州的财政支持为服务性学习提供资助，但是这项工作主要是在已经将其作为教学实践的地区和一些中高等收入地区进行（Ryan，2012）。而在低收入地区，儿童教育的重要部分则被大面积削减。究其原因，关键的一点是，在这些低收入地区，服务性学习被视为一种难以负担的奢侈品或是主要任务的附属品，而非学习的关键要素。财政预算缩减和为重大考试进行准备的压力也对服务性学习造成了影响（Ryan，2012；Spring & Grimm，2008）。

这是非常不幸的，因为在这种时候，将学生与地方、州、国家甚至全球共同体及有意义的目标建立联系的学习经历的需要比以往更为强烈。这在北卡罗来纳州的吉尔福德县可以得到印证。2008年，吉尔福德县承诺会广泛推行服务性学习。截至2011—2012学年，124所学校中注册学生达72000名，休学人数明显下降，毕业率、大学奖学金、标准化考试成绩和学校表现显著上升（National Youth Leadership Council，n.d.–a）。这些情况的改善证明服务性学习作为一种有效的方法，不仅可以改善学校教育，而且更为重要的是，可以改善学生在学校及校外的表现。

尽管联邦法案有助于推广服务性学习，但实施服务性学习最有价值的要素是愿意与社区合作者建立联盟或伙伴关系、使学生参与现实世界活动的教育者。服务性学习的实施规模可大可小。此外，这些服务性学习是课堂或学校与社区合作伙伴接触时，能够吸引他们（社区合作伙伴），让他们愿意承担费用和给予支持的项目。

《共同核心州立标准》的制定者指出，为了帮助学生达到共同核心课程的要求，需要采用"深度学习"策略。"全国学习与公民中心"（National Center for Learning and Citizenship）将服务性学习作为一种在有意义的情境中培养重要技能（如更高水平的思维、对观点的综合）的手段。此外，服务性学习的质量有助于为下列几个方面学生能力的培养提供发展情境：

· 阅读和数学的基本技能；
· 批判性思维能力；
· 经济体制方面的学识；

· 全球化意识；

· 公民参与；

· 团队合作的能力；

· 效率和自我效能感；

· 信息和通信技术素养；

· 创造和革新。（Guilfoyhe & Ryan，2013）

服务性学习的另一个强大优势就是将学习目标和参与融入年轻人的生活之中。尽管很多人认为服务性学习的代价太高，或者让学生过多地脱离课堂（特别是受课堂学习时间越多，考试成绩越好的假设的影响），但服务性学习是一种有效的、经过检验的应该成为每个学校和地区（无论贫富）学生学习方法的组成部分。著名教育预言家和改革者特德·赛泽（Ted Sizer，1984）在《贺拉斯的妥协：美国中学的困境》（*Horace's Compromise: The Dilemma of the American High School*）一书中，强调了不提供服务性学习机会的负面影响。这本书出版于几十年前，但是他的发现在当下同样有意义。赛泽要求读者想象他们是公立学校的学生，并且描述了大多数学生都会经历的情形。差不多每个公立学校的学生（特别是那些初中生和高中生）都会非常熟悉这些情形：

每小时要突然换成不同的课程，持续不断地被谈话，要求长时间安静地坐着，无止境地测验和与他人比拼成绩，在一群并不真正了解你的人中来回走动，没有任何礼节性的交往。比如没有喝咖啡的休息时间，要求在23分钟之内吃完午餐。人与人之间难有信任，周复一周、年复一年地重复没有变化的生活（Sizer，1984，P.xi）。

提高学习成效不仅仅是在学习中增加学生之间的互动。作为人，我们与生俱来就有强烈的愿望和动力对团体或更广阔的世界做出有意义的贡献。有关成人动机的研究表明，如果员工能够看到自己的努力是如何对其他人的生活产生积极影响的，那么他们在完成任务时会更有成效，效率更高。例如，一项关于救生员的研究表明，如果他们知道其他救生员营救了溺水者，那么他们的工作时间会增加43%，对救生员监管系统的安全性评价会提高21%（Grant，2008）。另一项研究表明，看见过病人照片的放射科医生会更加详细地记录病情报告，诊断也会更准确（Grant&Park，2009；Turner，Hadas-Halperin，& Raveh，2008）。当我们把学校看作是学生的工作场所，把学习看作是学生的工作时，我们也可以运用相同的逻辑。就把学生作为学徒帮助他们进入工作场所而言，我们也可以运用建立导师制的方法。因此，我们有理由相信学生为社会做出有意义贡献的动机，能够比单纯对成绩或分数的追求产生更广泛、更深刻的内在潜力。

服务性学习对民主原则的促进

如果我们仔细审视美国公立学校的建校原则，就可以看出服务性学习这一方法的重要性。创建公立学校的部分目的就在于对公民身份的促进。这一重要目的在公民与政府的国家标准中有详细介绍（Center for Civic Education，1994）。该标准将幼儿园到十二年级的目标描述为"培养有能力、负责任的公民，对于保护和改进美国宪法的民主所必需的基本价值观和原则有合理的承诺"。这份文件还提供了有关这些公民标准的目标的其他细节。

到2000年，所有的四年级、八年级和十二年级的毕业生要证明具备在挑

教育共同体：
家庭、学校、社区共育实践指南

战性学科方面的能力，包括……公民与政府，这样他们可以为成为负责任的公民，为继续学习和有成效的工作者做好准备……所有学生将要投入到促进和展示……优秀公民、社区服务、个人责任的活动中去（Center for Civic Education，1994）。

在本章中，我们思考了教育工作者如何运用服务性学习来推进学业和公民教育的目标。我们也展示了交互影响的环境（教师、学生、家庭、学校以及社区之间的互动）是如何为学生提供丰富的机会，让他们在为公民及全球共同体的服务中进行互动的。

反思活动

反思时间：请反思下列问题并写下您的答案。

1. 想象一下，您正准备在团队中做关于某个服务性学习项目的令人信服的陈述。创作一个您可能会用来获得团队支持的30秒的"电梯演讲"。

2. 给您的主管或团队伙伴写一封邮件，寻求其对上述服务性学习项目（或另一个不同的项目）的支持。至少列出三个您最想表达的以获得支持的问题。

服务性学习的框架

在州、地区以及国家层面上，青年创新基金、学习与服务美国、全国青年领袖委员会、美国青少年服务、儿童联盟、RCM研究公司和美国教育委员会等机构制定了指导方针、标准和建议性草案，供教师开发成功的服务性学习项目。为了支持关注学业和有目的的服务项目的发展，他们提出或采纳了受到广泛认可的、作为成功方案基本要素的七条标准：

1. 满足社区公认的需要。

2. 通过服务性学习实现课程目标——使课堂知识学以致用，并在现实生活中得以检验。

3. 以讨论、日志、表演、写作等形式进行反思活动。

4. 培养学生的责任感——让学生负责与掌控要完成的项目。

5. 建立社区合作关系——使学生"了解他们的社区，探索职业可能性，与各类团体中的成员共事"。

6. 提前计划服务性学习。

7.用服务性学习所需的知识和技能来武装学生。（Maryland State Department of Education，2003）

如果能够得到全面的、经过深思熟虑的支持，那么服务性学习可以为学生提供具有深远的变革经验的可能。最理想的情况应该是这样的：

服务性学习的体验可以将抽象的课堂概念以具体的形式呈现出来，增加学生的学科知识，提升高水平的思维能力，增强公民责任，培养见多识广的公民，可以使学生在毕业后运用专业的或个人的方法参与社区实践。服务性学习可以促进人们对个体、个体所生活的社区以及维持个人及社区所需资源之间联系的重视（Florida Gulf Coast Unirversity，2015）。

为了达到这些效果，服务性学习项目需要具备上述七条标准中所概括的特征。当服务性学习还具备以下特点时，它对学生和社区来说会成为一种变革性的经历。

· 对社区有用；

· 与课程的联系；

· 强调学生的反思；

· 始终让学生有所有权/领导权；

· 支持性的社区伙伴关系；

· 成人参与进来为学生提供支持；

· 教师制订的综合计划。

具备上述特征可以让服务性学习成为具有深远变革意义的经历，而非感觉不错的项目，还可以拓展学生可能的职业能力范围，改善社区条件以及美国公民的生活。

反思活动
反思时间：请反思下列问题并写下您的答案。
1. 请思考特德·赛泽所描述的高中学生的经历。服务性学习项目的引入是如何克服描述中所谈到的一些严峻挑战的？

2. 描述您所在学校或社区存在的两三个问题，一个可能为学生提供机会发展学术理解能力、增进技能与知识的社区服务项目类型。

3. 目前您所在学校的学生有什么机会可以培养公民技能和意识？服务性学习是如何拓展这些机会的？

4. 在您所处的环境中设立服务项目可能会面临哪些挑战？

服务性学习项目的准备：计划书

作为一条规则，在服务性学习项目中，我们一般会建议落实以下计划或步骤：

- 调查；
- 计划和准备；
- 执行；
- 反思；
- 展示或庆祝（RMC Research Corporation，2009）。

下面我们会仔细审视每一个步骤。与此同时，我们也会介绍一些有关服务性学习是如何培养贯穿本书所描述的教育中的伙伴关系以及在学校中支持学生学习的各种影响圈的例子。

调 查

在服务性学习的第一个阶段，学生首先要做的是对所在社区（可以通过自己的努力帮助解决或处理问题）的需求进行评估。这项工作可以通过讨论和头脑风暴来完成，这也相当于给学生提供了做研究的有利机会和环境。例如，一些教师会要求学生用剪贴板和观察报告来记录他们在社区中的发现。他们会教授学生将条件与影响人们生活的问题进行匹配（mapping）。还有的教师会给学生提供报纸，并要求他们对一两周内在社区中不断重演的各种问题进行系统的反思。让我们来进一步探究刚才提到的匹配方法。

案例探究

华盛顿州瓦西顿卡映射出来的问题

美国农业部赞助和发起了4-H俱乐部，既为年轻人提供耕种方法和实用生活技能的培训，也为那些想要给校外的年轻人提供建设性活动的社区组织提供培训和技术支持。

在全国4-H委员会（National 4-H Council）的支持下，华盛顿州瓦西顿卡一个成年人和青少年参与的不同年龄的小组，利用赞助来推动服务性学习项目的开展。在两年的时间内，这个小组对社区的需求进行了评估，访谈城镇居民，举行公开会议，绘制该地区的资产图。这种调研方法发现当地缺乏面向家庭和年轻人的活动，在这方面4-H可以发挥重要作用。年轻人从中获益匪浅，学会了如何参与设计并提供必要的活动，包括社区宴会、课程和俱乐部。这个项目还有很多益处。在该项目结束的时候，不同年龄层次的参与者纷纷总结了在服务期间通过挨家挨户的工作学到了什么。在下面的评论中，两名高中生对活动的深度参与显而易见。

"对于自己所在社区和别的社区，我了解到很多，并且了解到所有社区是如此的相似。每个城市都存在一定问题，这与城市规模大小无关。"

"我学会了如何写补助申请，了解了政府的运作方式，以及不同的组织是如何面对不同的困境和如何改善社区环境的。"

正如一位成年参与者所评论的，"我学会了坚持自己认为是最好的和正确的东西，而无须在乎最好的朋友和少数人的看法"。除了教授和分享实用的技能之外，显而易见这种类型的互动鼓励换位思考，会加深相互理解，提高社区凝聚力，让社区和年轻人变得更强大和更有抗逆力（Naughton，2000）。

第一个阶段包括调查、寻找事实和头脑风暴。学生分组对项目的焦点进行决策。他们需要考虑所解决的问题是全球的、国家层面的、地区的，还是仅仅在学校范围内。虽然学生的领导力是服务性学习的重要力量，但正如教师看到的，课堂学习需求也同样重要。在教师提供指导的帮助下，项目关注点的最终抉择应该由学生掌握，并且可以投入到项目执行过程中。这让学生拥有了自主权，同时给予教师一定的灵活性来解决他们所注意到的班级的学习需求和事务。

作为调查阶段的另一个重要方面，学生需要对将要面对的环境进行测量，记录观察数据和资料。以这些信息为基线，在项目结束的时候进行比对，以此评估他们的工作成效。

计划和准备

一旦选择了服务性学习项目的重点，就需要师生共同合作一些重要的计划和准备活动，这包括选择由班级提供何种特殊的服务，决定学生在学习期间达到什么样的学习目标。教师还必须考虑到实用的训练或背景信息，这是学生完成项目需要的知识和技能。例如，他们需要知道如何进行访谈，如何使用工具或科学仪器，或者是简单了解一下他们将要面对的人或情境。

除了技术能力，教师可能还需要考虑在项目开发的课程中的公民身份和公民参与的要素，这些要素可以在项目中得以培养，在真实的生活情境中会更有效。从一些事例中我们可以看到与公民参与相关的信息，比如，政府和民主政治是如何发挥其功能的，如何通过舆论宣传影响政策，作为一个团体的成员要如何为增进公众福祉而努力，如何成为一个积极参与社会生活的公民。让我们来看看来自马萨诸塞州贝尔彻敦的两位教师路易丝·利维（Louise Levy）和达里尔·克拉克（Darryl Clark）是如何做的。

案例探究

路易丝·利维和达里尔·克拉克

路易丝·利维是贝尔彻敦高中的一名理科教师，他与达里尔·克拉克所带的斯威夫特河小学二年级学生结成伙伴关系，这两所学校仅一墙之隔。几年后，路易丝的学生参与了哈佛大学的森林校园生态项目"蓓蕾、叶子与全球变暖"（Buds, Leaves and Global Warminng），贝尔彻敦镇设立了两个自然保护区——弗利牧场和华莱士湖，以供贝尔彻敦的公立学校使用。

之后这两位老师把他们的学生聚集到一起，利用休息时间对校园进行探索，识别当地的树木和秋季树叶的色彩变化。一段时间后，达里尔的学生加入到高中生中，进入路易丝的实验室或课堂之中，目的是了解花朵的构造，比较苹果的种类，这是作为"当地生态系统是怎样为民众提供生态服务"这一课程的组成部分。为了研究春季才有水的池塘中发生的变化，他们对当地种植的粮食作物的重要性展开了讨论。同时，二年级的学生也在高中校园里开展了一次校园实地考察。路易丝的学生教给这些二年级学生采用合理的抽样方法，以及如何有意识地避免对池塘中的有机物造成伤害，他们带着敬畏之心小心谨慎地进行资料收集、观察和数据计算。

在每个例子中，高中生扮演着二年级学生的指导者与探究伙伴的角色。年幼的学生获得支持学习合作技能，使得这次短途旅行给参与合作的学生带来了超越最初活动预期的更深远的、更有意义的影响。做计划这一阶段在服务性学习中有重要的作用。正如例子中的两位教师，做好计划会为服务性学习增添各种益处。路易丝阐述了让高年级学生和低年级学生一起工作和学习的理由，并且讲述了她和达里尔之间的合作关系是如何扩展到所在学校的所有二年级教师之中的。

由于初期合作关系的成功，Ecomentors（幼儿园到十二年级的一个项目）和最佳探索者（BTST Explorers，针对四到十二年级女生）项目问世了。这个项目获得了15000美元的资助，给高中带来获得技术资源的机会，否则该地区是负担不起这些资源的。

对高中生来说，由于青少年都迫切想要从家庭中独立出来，因此让家庭参与活动是相当困难的。不过跨年级的合作是建立关系的一个好主意。在此过程中，高年级和低年级的孩子都表现得十分出色，注意力也更专注持久。低年级的学生仰慕高年级的学生，学起知识来会更快，这对我的学生来说也是一种激励，促使他们掌握并内化所学的材料。高年级学生在与低年级学生相处过程中也重新找到了童年的快乐。

我设计了林地或者称为荣誉生态系统（Woodland/Honors Ecology）的活动，以让学生尽可能多地参与动手活动。有些学生感觉似乎从未获得过成功，我邀请他们加入演讲团体，让他们建立对于生态系统的掌控感和团体归属感。

我们一直和二年级的孩子们合作，这主要得益于我的同事达里尔·克拉克的影响力，我们才能让全体二年级学生都参与进来。四月的最后两天，我们在华莱士湖进行了田野考察，让二年级教师不受常规约束来管理他们的班级。如果教师想往前迈进一步，那么在这次田野考察中用到的一些写作想法、实地观察方法和数学思想会被引入课堂之中。最初达里尔不得不向校长和同事推销自己的想法，因为这的确不是实际教育所强调的日程安排和考试重点，但现在他所在学校的同事都对这种理念很感兴趣。

当学生负责执行服务性学习的项目时，路易丝与其同事密切合作，以确保考虑到学生们多样化的学习需要、学习风格、不同的年龄或年级。

所有事情都是学生们运作的，而让教师和监护人参与其中，使得这个项目更像是一次博物馆之旅，为四年级的户外学习之旅奠定了基础。为了在项目中能够对高中生提供支持，我还与特殊教育部门进行合作。我们让父母、社区成员和学校的护士也参与进来。尽管付出了一些努力，但这让低年级和高年级的学生都获得了丰富的经验。

让整个年级参与进来，我们就有机会与有不同学习风格和成功经历的学生接触和交往，也就有可能让所有人感觉到被包容和有成就感。对于学生对概念的理解我们会提供支持，做法是提前提供一个简短的词汇术语清单，这些词汇要么需要观察，要么需要主动学习。这次田野考察活动让孩子们变得主动起来，他们利用互联网对水进行抽样、分类和计算，没有语言或认知水平的障碍。我们还保证将艺术与舞蹈融入其中，以涵盖多种模式的学习要素。为了展示英语语言艺术，田野考察还提供机会让高中生对他们当地的语言进行评价，作业内容是写一篇题为"这是我生活的地方"的作文，为参加新英格兰户外作家协会举行的青年写作大赛做准备，鼓励学生提交他们的作品。

对路易丝而言，这些服务性学习项目不只是课程之外付出的努力，而是她作为一个高中科学教师取得成功的关键因素。

如果我们一开始没有为年幼学生提供进行科学、社会研究和基于项目的合作学习经历，那么我们将面临高中生对科学课缺乏学习动力的风险，在学习过程中他们会觉得自己的权利被剥夺了。如果学生在年幼时没有那方面的兴趣，那么到了高中的时候我们就很难让他们培养兴趣，尤其是在小学阶段当课程关注的是密集的数学训练，英语语言艺术中动手的、体验式学习都很少的时候。我们开始注意到所有学生都表现出这一趋势的苗头，在成长过程中认为科学就是学习后面有多项选择题的阅读材料。今年我们的座右铭是"带着快乐、敬意和不屈不挠的乐观精神去探究"。事实上，只有明确地让学生知道我信任他们中的每一个人，我才可以不用每天站在他们面前去看管他们。

执 行

项目执行的准备阶段要做的事情一直是收集信息和计划如何指导与集中精力。服务性学习项目的实际执行要落实在教师为学生提供各种培训经验和学生进行服务的地方。由于教师可以促进、鼓励学生在服务与通过服务学到学术知识和公民技能之间建立联系，因此教师在项目执行中扮演了至关重要的角色。项目执行还需要学生和教师不断进行批判性反思和解决问题，因为他们知道想法在与现实生活接触时注定会遇到困难。服务性学习也让父母和监护人有机会与学校形成不同的关系，在这种关系中他们被视为专家，能够为子女的教育提供有意义的内容。这方面正强调了我在本书中一直讨论的影响范围。也就是说，师生关系、同学关系、教师和家庭之间的关系、家庭与家庭之间的关系、教师和学校的关系、学校和整个社区的关系，这些关系都会被充分认识到。在继续探索服务性学习之前，让我们来看一个小学的例子。

案例探究

福里斯特兰奇小学

在加利福尼亚州的福里斯特兰奇小学，学生和家长帮助建造了一个学校花园，这为学校提供了健康丰富的食材。辛迪·特里佛（Cindy Triffo）是一名高中教师，也是奇科联合学区服务性学习的协调人，他声称这个项目鼓励大量务农的苗族（Hmong）和拉丁裔家庭作为园艺专家参与其中，使他们与教师、学校结成了有意义的联盟。

除了上述重要意义之外，花园项目还让高中生对营养课程和健康博览会给予了关注，对种植、烹饪和健康饮食产生了兴趣，让小学生在动手体验中观察植物的生命周期和构成。当地的苗圃公司和施工挖掘公司为项目提供了可以耕作的土壤，仁爱之家美国公司的志愿者们帮助学生搭建花园。学生们自始至终都参与决策，小学生决定种植什么植物，高中生计划和发布遍及整个州的健康博览会的宣传（Pearon Education，2000—2014）。

案例探究

哈佛森林

服务性学习的另一个丰富多彩的例子就是哈佛森林校园生态项目，该项目在美国的校园及之外的地方开始实施。"我们将会成为平民科学家，在我们学校自己的观光小径上，与著名科学家一起参与重要的生态研究！"马萨诸塞州阿什伯纳姆约翰河布里格斯小学五年级的教师凯瑟琳·班尼特（Katherine Bennett，2010）自豪地描述道，这是她的学生参与的一项作为长期生态研究全国网点中的部分工作，即收集数据和进行观察。

哈佛大学在马萨诸塞州的皮特舍姆开辟了3750英亩供研究用的森林。在哈佛森林研究项目中，班尼特的学生与许多其他幼儿园到十二年级的师生一起合作，称作"校园长期生态研究项目"（LTER）。该项目在全国有26个实验点，每个实验点都和课堂、学校有合作。参与其中的教师接受培训，鼓励他们让学生参与到实地研究项目中去，在这些实地研究中，他们直接观察和收集有关森林、树叶和春季池塘的变化资料。

在真实和有益的社会情境中学习科学的理念，对于学生有重要的影响，可以激发学生的学习动力。通过拜访哈佛森林的科学家们，获得背景资料，并对如何实施与记录科学观察进行现场培训，教师开始参与到项目中来。参加本校研究的学生成为进行全国资料收集的参与者。借助剪贴板和数据表，他们不仅在道具和专业工具的帮助下承担了科学家的角色，而且学会应用所形成的观察、测量和数据记录的技能［《共同核心州立标准》描述的英语语言艺术和科学框架的全部内容（Common Core State Standards Initiative，2014）］，付出大量努力来拓展人类的知识。

该项目利用人际关系的力量给学生提供了课程学习的强有力的环境，给他们的努力赋予了意义和目的。同时，学生还可以被邀请参与到科学家的职业群体中。当教师接受科学家的指导，学生接受教师的指导，有时甚至直接接受哈佛森林科学家的指导时，活动的情境就从课业成绩转变为参与到现实世界中来。

通过在研究中做出自己的贡献，学生自身的角色正在发生转变，他们直接参与到科学家的角色中来，在执行实验计划、收集数据、做出预测、分析数据、长期收集、揭示并对理解可能会在更大范围内发生的生态环境变化的模式做出贡献。作为一位有经验的任课教师，哈佛森林的教育协调者帕梅拉·斯诺（Pamela Snow）解释道："我们制定了几个项目目标，其核心就是通过让学生体验科学家的角色，将自己所做的事情与现实世界建立联系，了解科学。我们希望尽快让他们感觉到自己的行动就像是在做真实的、自然的、常规的事情。"

我们也对帮助学生与自然建立更深入的联系感兴趣，做法是走入大自然，学习观察自然。想象一下，这项工作可能会让学生最终成为发挥作用的生态学家，那是一件多么美好的事。即便这个结果不一定会实现，我们肯定也会"播下了种子"。也许是让他们走进生态，或成为另一种类型的科学家，或只是让他们成为见多识广的公民，知道在决策中如何利用数据来支持自己的观点。这些结果都能实现我们的教育中应该履行的重要使命。

反　思

不断反思是有效的服务性学习项目的一个明确特征，有可能让学生发现并准确陈述他们新的理解，也可能让他们巩固新形成的和正在发展中的技能。反思可以采取多种形式，包括但不局限于这些形式：日志、反思性文章、课堂讨论、教师提示（teacher prompt）、角色扮演、展示、在特定的观众面前陈述、诗歌、音乐或舞蹈项目，以及比较传统的学术论文。

《促进反思：领导和教育者的指导手册》（*Facilitating Reflection: A Manual for leaders and Educators,* Reed & Koliba，n.d.）一书描述了各种活动，旨在为学生和社区合作者提供运用角色扮演、讨论和练习的方法将服务性学习的经验融入到新知识中的不同模式。书中还提供了大量的选择清单，反映了这样一种理念，即正如学习者和学习风格是多样化的，教育者也应该有各种选择，帮助学生从经验中得出结论、获取意义。

展示或庆祝

服务性学习项目最后的活动就是帮助学生整合他们在整个过程中的发现和见解。这些活动也会向课堂之外的其他人展示项目对于社区和学生自身的影响。公众的认可有助于参与者对已完成的工作产生更强的荣誉感，强化学生对公共服务的奉献精神。在下面的这个例子中，学生的一个项目不仅改善了社区，也给自身所在学校赢得了支持。

在一所非传统学校中，学生们多年来一直对附近水域的水进行研究，他们的努力获得了美国土地管理局的一致认可。土地管理局希望这些学生能跟踪在继续减少污染方面取得的进展。学生学到了从各个方面测量河流卫生状况的有价值的技能。由于财政削减，当学区将该校列为应关闭之列时，学生和土地管理局共同向学校委员会发起抗议来保留学校。他们挨家挨户地向选民们讲述该校开设的必要性和社区设立此校的好处。选民们通过了一个税收征收方案，说服委员会同意该校继续开放（Billig, 2007）。

对于项目最后的活动，教师有很多选择。这些活动的目标就是强化和拓展学习以及学生参与服务性学习所获得的效能感。

学生创作的录像、PPT演示、海报、报告展示、对知识和技能的前测、后测等，都可以作为向他人（以及自己）展示的方式，以说明他们学到了多少东西，服务性学习项目有多大的价值。由于服务性学习涉及学习共同体共同的使命感，因此在学校范围内对小组工作的成效进行认可与祝贺会有特别重要的影响，即肯定项目的成功，让学生到服务点进行参观，接受项目受益方的致谢信和报告展示。庆祝活动中邀请并让社区合作方参与进来还有助于表达对社区的感激，并为未来的合作加强彼此的联系。

通常情况下，采纳别人的观点而获得一些意外的领悟，是一个项目最有意义、最持久的结果，正如下面这个来自俄克拉荷马市的代际服务项目的例子一样。

反思性活动
反思时间：请思考下列问题并写下答案。 1. 在选择项目之前，教师可以用什么方式将学术技能与调查阶段结合起来？   2. 学生如何运用反思来帮助他们（以及教师）证明和展示运用了高水平的思维能力？   3. 请解释为什么（或是否）您认为展示或庆祝阶段是任何一个服务性学习项目不可或缺的部分？

案例探究

造就与众不同的一天

　　去年10月，该项目通过"造就与众不同的一天"举办了老年人互联网工作坊，将老年人与年轻人的活动融合在一起。在俄克拉荷马市的社区学院，几个组织都参与到项目中来，年轻人和学生们运用他们的越南语技能为老年人设置电子邮箱账户，并向他们展示如何浏览有关健康、越南文化、烹饪和医疗信息方面的网站。"当我们举办这个网络工作坊时，我们看到三代人——父母、祖父母和年轻的一代相聚在一起。这三代人可以坐在电脑前面进行交流。"社区协调员布伊说道："年轻人可以学到和老年人一起相处是很快乐的。之前他们一直认为老年人年纪太大不想学习任何东西，他们也不理解年轻人。在和这些老年人相处一段时间后，彼此都可以开怀大笑，老年人也邀请年轻人们一起共进午餐。"

15岁的吉姆·多恩（Kim Doan）谈道，参与网络工作坊有助于让她看到学校某些课程的价值，"在学校我学习了很多关于电脑的知识，所以在之后的工作坊里我也能帮助老年人学习这方面的知识"，她说，"这仅仅是在服务项目中我运用所学知识来帮助他人的一个例子"（Naughton，2000）。

反思活动

反思时间：请思考下列问题并写下答案。

1. 从服务性学习中学生可以获得哪些在传统课堂上很难学到的学术的、个人的和公民技能？列出 4~7 个例子。

2. 您认为为何大量有关服务性学习的文献会着重强调在项目各阶段需要学生进行不断的反思？

3. 在考虑本章描述的计划和执行服务性学习项目的五个阶段时，教师可以采取哪些方式让学生逐步承担起责任与拥有自主权？

教育共同体：
家庭、学校、社区共育实践指南

4. 设想一个有潜力的服务性学习项目，可以满足您最了解的学校的需求。您将如何运用这个项目来建立并拓展书中所探讨的这六种影响圈（教师与学生、学生与学生、教师与家庭、家庭与家庭、教师与学校、学校与社区）的合作关系？

小　结

在本章中，我们将服务性学习视为一种重要的合作实践。我们描述了服务性学习的历史根源，以及在现代社会中获得服务性学习平等机会的问题。此外，我们对服务性学习作为一种重要的方式是如何为学生、同伴、教师和社区之间的人际互动提供现实情境做了说明。我们还讨论了它是如何提高学生在学术和公民方面的知识和技能的，描述了服务性学习项目的五个阶段，并列举了许多实例。我们还仔细考虑了服务性学习为何能够产生这些裨益，即促进学生的动机和参与，以及让家庭和社区伙伴更多地投入全体学生的成功中来。

在最后一章，我们将要讨论如何运用本书来达到促进职业成长的目标。

参考文献

Bennett，K.（2010）.Citizen scientists. *Science and Children*，48（1），50–55.

Billig，S.（2007）. *Unpacking what works in service learning.*

Center for Civic Education. (1994). *National standards for civics and government.* Calabasas, CA: Author.

Common Core State Standards Initiative. (2014). *English language arts standards: Science and technical subjects: Grade.* 6-8, 3.

Education Commission of the States. (2014). *Service learning: Quick facts.*

Florida Gulf Coast University. (2015). *Service learning.*

Giles, D.E., & Eyler, J. (1994).The theoretical roots of service learning in John Dewey: Toward a theory of service learning. *Michigan Journal of Community Service Learning*, 1 (1), 74–85.

Grant, A.M. (2008).The significance of task significance: Job performance effects, relational mechanisms, and boundary conditions. *Journal of Applied Psychology*, 93 (1), 108–124.

Grant, A.M., & Parker, S.K. (2009).Redesigning work design theories: The rise of relational and proactive perspectives. *Academy of Management Annals*, 3, 317–375.

Guilfoyle, L., & Ryan, M. (2013). *Linking service-learning and the Common Core State Standards: Alignment, progress, and obstacles.* Denver, CO: Education Commission of the States.

KIDS Consortium. (2011). *Playground shade.*

Los Angeles Unified School District. (n.d.). *Service learning lesson plans.*

Maryland State Department of Education. (2003). *Maryland's 7 best practices of service-learning.*

National Youth Leadership Council. (n.d.–a). *Activating education excellencethrough service-learning.*

National Youth Leadership Council. (n.d.–b).*What is service learning?*

Naughton, S. (2000).*Youth and communities helping each other: Community-based organizations using service learning as a strategy during out-of-school time.*Washington, DC: Corporation for National Service.

Pearson Education. (2000–2014).*Service-learning case study: Chico, CA.*

教育共同体：
家庭、学校、社区共育实践指南

Reed，J.，& Koliba，C.（n.d.）. *Facilitating reflection：A manual for leaders and educators.*

RMC Research Corporation.（2009）. *K-12 service-learning project-planning toolkit.* Scotts Valley，CA：National Service–Learning Clearinghouse.

Ryan，M.（2012）. *Service learning after Learn and Serve America：How five states are moving forward.*Denver，CO：Education Commission of the States.

Sizer，T.R.（1984）. *Horace's compromise：The dilemma of the American high school.* Boston：Houghton Mifflin Harcourt.

Spring，K.，& Grimm，R.（2008）. *Community service and service learning in America's schools.* Washington，DC：Corporation for National and Community Service，Office of Research and Policy Development.

Turner，Y.N.，Hadas–Halperin，I.，& Raveh，D.（2008，November）.*Patient photos spur radiologist empathy and eye for detail.* Paper presented at the annual meeting of the Radiological Society of North America.

| 第八章 |

职业发展中的学习伙伴：学以致用

欲变世界，先变其身。

——甘地（Gandhi）

> 学生群体在改变，什么样的职业成长活动有助于我们与学生建立合作关系，促进他们的平等、参与和成功？

唐娜·亨德里克（Donna Hendrioks）是俄亥俄州的一名教师，教授六年级的社会研究与英语语言艺术，同时还是所在学校教师职业发展团队的负责人。与许多学校一样，她所在学校的学生有不同的经济、种族、民族、文化和语言背景，在学习和读写技能方面也有很大差异。该校一直具有国际化特色，学校课程中囊括了学生的各种文化和历史。唐娜将这些概念和资源融入课程之中，是因为她希望所有学生和家庭都能主动地对课堂共同体做出贡献。她非常清楚学生社会地位的高低意味着什么（Banks，2008；Cohen，1994；Cohen & Lotan，2014；Zacarian，2013），了解社会地位对学生发展结果的影响。她读过我们的书，对开展职业发展活动有一些想法。她希望职业发展对同事有益，可以带来发展变化，有利于加强每位教师的教育实践。

我们所有人都是教师预备计划的成员，根据继续教育或本地区的要求，有些人一直在进行职业进修。我们可以说，有些学习经历非常好，而有些经历却没有什么效果，甚至让人感到失望。此外，有些人可能会认为我们在职业发展方面收集的资料太多，以至于哪些资料对于达到所需结果是真正有用的，哪些并非是最好的，我们并未处理好。如果我们审视一下记忆中的方法，弄清该保留什么，使用什么，舍弃什么，有多少方法能够长久保持下来，那么这对于改变思维和实践是有益的。跟职业发展一样，教育的关键是能够将新知识加以整合，并将之转变成我们自己的知识。它并非利用新的程序和观点，而是生成自己的知识，这是一项缓慢的工作，需要通过社会互动和我们的思考，需要在具体情境中接触新知识并经过深思熟虑，然后加以筛选。

为了最大程度地保证职业发展经历能够产生积极、长效的作用，根据我们的经验，我们会给唐娜提供什么建议呢？

反思活动

反思时间：请反思下列问题并写出答案。

1. 谈到个人的职业成长，您认为什么类型的学习活动更适合自己偏好的学习风格？描述2~3个您想参加的活动。

2. 您认为职业发展能够持续不断地继续下去的重要条件是什么？

职业成长为何重要

学习（包括我们为改进工作所做的专业上的努力）的关键是能够将新知识加以整合，转变成我们自己的知识。它并非利用新的程序和观点，而是生成自己的知识，这是一项缓慢的工作，需要通过社会互动和我们的思考，在具体情境中接触新知识并经过深思熟虑加以筛选。也许今天我们所面临的最大困难在于学生和家庭越来越多元化，而不同于以往主要是白人、只讲英语以及中产阶层的学生和家庭（Ahmad & Boser，2014；Dilworth & Coleman，2014；Hollins & Guzman，2005；Medina，Morrone，& Anderson，2005）。当我们希望学生在学校表现良好，成为学习共同体内外主动的、有思想的和负责任的成员时，我们必须理解并采用针对不断变化的学生和家庭的行之有效的做法。下面的例子与六年级数学的《共同核心州立标准》（简称CCSS）有关，反映的就是学生群体的复杂性。该标准要求学生"使用比和比例推导来解决现实问题和数学问题，例如，推导等比例表、磁带图、双精度数字线或等式"（Common Core State Standards Initiative，2014）。下面是CCSS中的一个数学问题：

例如，如果修剪4个草坪需要花7小时，那么按照这个速度，35小时可以修剪多少个草坪？修剪草坪的速度是多少？（Common Core State Standards Initiative，2014）。

很多人在看到这个例子时可以描绘出修剪草坪的场景。我们有些人会修剪自家的草坪，或给别人修剪草坪来挣钱，或者从小到大就是家中被指派去修剪草坪的人。因此，我们对于这类活动有深刻的体会，能够很容易看出上面例子中所呈现的数学问题。相反，许多学生没有这种经历，他们从未见过草坪，没从草坪上走过，或者说根本没有接触过草坪，更不用说修剪草坪了。这些学生涉及大量居住在没有草坪的城市地区的学生。另一个例子是来自马萨诸塞州阿默斯特的二年级教师芭芭拉·罗森伯格（Barbara Rothenberg），她邀请学生及其家长到她家去摘苹果。尽管许多人参加过这类社交活动，但是有几个客人不知道苹果长在树上，对阿默斯特也知之甚少。他们来到芭芭拉家，以为是要去做一次实地考查，到当地的超市"摘"苹果。这些例子说明我们很多时候会想当然，从而忽视一些情况。教师的职业成长要求我们对学生及其家庭提高警觉，从而更能确定我们的学习共同体是容易接近、令人愉悦的。要达到这样的效果，职业成长环境应该是自然情境，因为在这样的情境下我们才会有探索思考新观点以及改变实践的机会。

职业学习联合会"引领学习"（Learning Forward，2014）将教师的职业发展定义为"促进教师和校长有效提升学生成就的全面的、可持续的、深入细致的方法"。这一定义对于希望将自学作为职业成长手段的个体是有益的。本书中，针对唐娜·亨德里克这样从事教师职业成长工作的人员，以及参与学校或地区的职业发展计划和执行、为从事教育工作做准备的高等教育机构的教师教育工作者，我们提供了适合个人自学和团队共学两种职业成长的反思内容。尽管本书可以用于自学，但是我们希望在阅读本书时，您会把学生中的合作学习这一有效的方法运用在职业发展中，那就是亲自践行本书倡导的与学生、学生家庭、学校以及社区建立读书学习的伙伴关系，没有什么比这对于学生来说更具说服力了。为了进一步推行我们的观点，我们希望在阅读本章时，您能更加自主地使用合作学习，这是我们在学生身上采用的方法。

综观本书，我们不断使用"伙伴关系"（partnerships）一词来描述互惠关系的类型，我们认为有必要在大家都熟悉的单位如公立学校中使用。正因如此，我们认为伙伴关系是职业成长的主要部分。在高等教育机构、公立学校和公立特许学校的环境中，职业成长应该是共同努力的结果，并具备以下特点：

· 涵盖所有学生及其家庭；
· 共同的责任；
· 准备充分的职业成长机会；
· 常规基础上连续的、制度化的活动；
· 给予团队对学生作品及其所反映的年轻人的思维进行分析与反思的机会，以做出经过深思熟虑的、更有效的决定。

为什么说读书会是重要的形式

通过思考与互动，读书会（book study）为我们提供了一起探究和考察共同理念的机会。在高等院校，无论教师教育工作者是否对读书会做了计划和安排，其形式都是一位专家来到某地区，教育工作者出席会议聆听专家的观点，或作为职业学习共同体的一群同事聚在一起，目的是探究观点，并就这些观点如何在公立教育实践中加以应用达成共识。第一种类型可以称作"某种无所不知的权威观点"，某位专家分享自己的一些重要信息，听众被动地听。第二种类型可以称作"两种无所不知的权威观点"，双方之间有互动，从一种权威观点转到另一种权威观点，但彼此既没有改变思维也没有改变实践。此外，这类对话可能是发生在两个人之间，或者在其他被动倾听的人之间。第三种类型是变革性的互动过程，我们将它描述为通过重视与尊重彼此的观点，参与者建构共同语言、知识以及思维和行动方式的过程（Zacarian，2013）。这三种类型可以称作"我的对话、双向对话和我们的对话"（Zacarian，2013）。我们认为，"我们的对话"（our-o-logue）是对彼此的观点保持开放的态度，愿意采纳和分享自己或同事的有用观点，这是支持学生发展所必需的。

职业读书学习会的结构

无论是个人还是小组的读书学习会，都应该选择在一个连续的时间段将日程固定下来，比如某个学期或指定的能够固定下来的时间段。这样就能保证有时间来阅读材料，对每一章进行反思。对于从事教学活动的我们来说，可以将某些观点与实践有意义地结合在一起。

合作型读书会

对于希望应用合作型读书会形式的人来说，其中包括大学教授或像唐娜·亨德里克这样的职业发展专家，需要进一步对合作学习以及理论与实践的结合做出规划。在这种情况下，应该有计划地将参与者分成小组，给每个成员分配足够的时间来阅读布置的章节，探究除了每一章所体现的观点之外，还有现实任务或活动中所用到的观点。例如，让参与者参观真实的课堂和家庭活动，反思他们在规定作业或任务中自己的实践，这样就能够在具体情境中探讨书中的观点。此外，还应该考虑合作读书形式要指定的关键角色和活动。

显然，小组读书会起码需要2个人。在大学课堂、学校或地区中，理想的状态是将参与者分成4人一组，可以在整个学习过程中两两配对进行小组工作。根据科恩及洛坦（Cohen&Lotan，1994，2014），扎卡里安和海恩斯（Zacarian&Haynes，2012，2013）的观点，每一组应该包括某些规定的角色，以保证小组合作过程尽可能顺畅。我们建议这些角色应包括：为会面做准备的主持人以及见面时的时间记录者。主持人的工作包括三个方面：第一，该角色帮助提供小组会谈的结构；第二，在互动过程中指导小组；第三，保证小组工作能向前推进。重要的是要注意，主持人并非小组的权威，而是小组的成员，记录时间的人要保证小组工作按规定时间进行。除了这两个角色，我们建议要有观察记录、会谈和自我反思活动，以便对所学习内容进行真正的考察。

依据扎卡里安和海恩斯（Zacarian&Haynes，2012）的观点，主持人的任务如下：

见面前的活动
·确定每章的核心问题和观察任务。
·安排"组织"会议的启动，讨论读书会的结构和日程，确定每次读书会的时间长短以及日程安排。
·确保小组成员了解具体的章节、章节的核心问题、观察作业以及任务完成时间。
见面时的活动
·通过指导小组往前推进工作、保证小组的讨论顺畅进行以帮助小组聚焦于共同的任务。
·保证每个成员有发言的机会，每位参与者能够聆听他人的发言。
·安排记录时间的人，确保读书会顺利进行。
结束或总结活动
·对小组活动过程（即哪些做得好，哪些需要加强）进行小组内的回顾。
·对小组活动结果（即通过观察和阅读章节学到了什么，学到的东西如何应用于实际工作及其有效性的评估）进行回顾。

我们在本书的最后一章专门讨论这类读书会形式，目的在于使参与者能够通过四种不同的渠道进行观点的探究：读书互动及相应的访谈、调查、观察、反思任务及活动。下图提供了读书会活动的一个参考指南。正如扎克里安和海恩斯（Zacarian and Haynes，2012）所提出的，我们给每次读书见面会安排了90分钟，时间上可以进行调整，延长或缩短均可，只要符合特定情境即可。我们希望这个活动对所有参与者来说都是有意义的、实用的和有价值的过程。

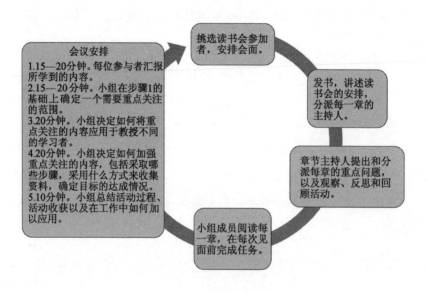

图8.1　读书会形式

资料来源：扎克里安和海恩斯（Zacarian&Haynes，2012）

访谈任务与活动

访谈是一种了解学生、家庭、教师、学校以及社区人群的有用方法。该方法有助于我们发现问题，收集到有可能未曾考虑的信息，理解其他人的观点，加深个人和团体对于学校整体人群的思考。

调查任务与活动

我们收集的有关学生的大部分资料主要是他们在高风险测验中的成绩以及缺勤率。这两项资料经常被用作寻求新的改进方式的依据。不过，使用这些资料可能会被质疑，原因有几点：尽管州教育局和我们自己所在的地区会将结果分门别类，但一般来说很多地方不会这么做。例如，我们会说某个学区的大多数拉丁裔学生在州测验中表现出色。在向他们表示祝贺、也为自己感到高兴时，我们是否确定对资料进行了深入分析，或者说进行了足够细致的分析，明确是所有拉丁裔学生还是一部分学生，那些资料有可能或未必能代表更大的群体。缺勤率也是如此。尽管我们可能会注意到某个群体的学生（例如接受免费或低价午餐）缺勤了，但是我们收集什么资料才可以对这一群体进行更深入的分析，以识别其缺勤的根本原因和提供补救措施？本章提供的活动旨在对如何识别和描述发展动态更有助益，这样我们共同的努力才是有目的、有意义的。

观察任务与活动

观察记录是理解教学实践以及教学中有哪些行之有效、哪些方面需要加强的有益手段（Calderón & Minaya-Rowe，2011；Echevarria，Vogt，& Short，2008；Zacarian，2013）。我们一直广泛使用这些方法来为自己的教学实践提供支持，确切地讲，我们会经常使用本书中倡导的互动部分。同调查任务和活动一样，本章的观察任务和活动旨在加深你对学生及其家庭的理解，进而促进学生在学业上获得成功，承担好在校内外的角色，为学校及社会做出贡献。

反思活动

个人反思和集体反思活动能够很好地帮助我们理解所学知识与先前经验之间的联系，还有助于我们达成如何与多元化群体工作的共识。有效完成这项工作意味着我们愿意深入思考，考虑各种有关个人和职业信念的想法及观点。我们确定了两类反思活动：对现场所做的事进行反思以做出及时的决定，以及对过去所做或所经历的事进行反思（Schön，1987）。对于合作学习而言，两者都很重要（Wad，Fauske，＆Thempxon，2008）。

前面每一章都涵盖了相关的任务和活动。本章中，我们增加了访谈、调查、观察以及反思活动。我们鼓励您完成全部或部分任务和活动，并能创建自己的活动。我们的目标是拓展学生的思维和实践，使学生在学习和主动参与课堂、学校、社区及其他活动方面取得更好的成就。

读书会活动

第一章　教育中的"全民动员"
考查的核心问题：
·学生群体发生了什么变化？
·伙伴关系与建立关系之间的区别是什么？

调查任务与活动：

每所学校、地区和州通过分组和毕业率来收集有关学生群体的数据。一般来说可以通过查阅学校或地区、州教育部门或美国教育部的网站来获取。例如，如果我们想了解加利福尼亚州的毕业率，可以去美国教育部的网站，在网站上我们可以看到下图所描述的毕业率信息。

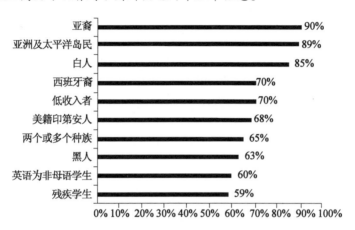

加利福尼亚2011—2012年学生毕业率

资料来源：美国教育部（2014）

1. 调查下列数据，考察您所在学校、地区或州的学生群体五年内发生的变化。

学生人数的逐年变化	第一年	第二年	第三年	第四年	第五年
学生总数					
白人					
免费或低价午餐（即低收入者）					
西班牙裔或拉丁裔					
黑人					

学生人数的逐年变化	第一年	第二年	第三年	第四年	第五年
残疾学生					
英语为非母语学生					
亚洲及太平洋岛民					
美籍印第安人/阿拉斯加原住民					

2. 评估3~5年的毕业数据，考察您所在学校、地区或州在毕业率上的变化。

（注：如果这个不可行，就审视一下最近年份的毕业率。）

毕业百分比	第一年	第二年	第三年	第四年	第五年
学生总数					
白人					
免费或低价午餐（即低收入者）					
西班牙裔或拉丁裔					
黑人					
残疾学生					
英语为非母语学生					
亚洲及太平洋岛民					
美籍印第安人/阿拉斯加原住民					

反思活动：

1. 基于您所收集到的关于学生群体五年的资料，如果有变化的话，您所考察的学校、地区或州发生了什么变化？

2. 基于您所收集到的有关毕业率的资料，如果有变化的话，您所考察的学校、地区或州发生了什么变化？

3. 第一章强调的是需要建立各种伙伴关系：教师与学生，学生与学生，教师与家庭，家庭与家庭，教师与学校，学校与社区。讨论一下您所发现的学生在人口学和结果方面发生的变化，以及为什么伙伴关系是需要考虑的重要因素。

第二章　有凝聚力的课堂共同体

考查的核心问题：

· 本章中最能引起您共鸣的一两句话是什么？

· 本章是如何向您传递有关伙伴关系与学生投入的信念的？

· 本章是如何表达有关伙伴关系的不同信念的知识的？

· 本章是如何介绍有关人际关系、学生投入和家庭参与的影响力的信念的？

观察任务与活动：

1. 从开始到结束观察一堂课，在观察过程中完成下列任务。可以在公立学校、学院或其他教育情境中进行，目的是记录参与的互动学生数量。

课程开始的时间：_____

课程结束的时间：_____

从课程开始到学生参与互动，间隔多久？

课程的主要形式是什么？

☐ 教师主导

☐ 学生两人一组合作

☐ 学生分小组合作

☐ 教师主导与学生配对相结合

□教师主导与学生小组相结合

□其他形式（请描述）

2.如果可能，观察家长会或家长之间的互动。

课程开始的时间：_____

课程结束的时间：_____

家长会开始与家长互动之间间隔多久？

在整节课中学生互动的频率是一致的吗？您所记录的不同学生的差异

有哪些？

学校员工发言的时间有多少分钟？

家庭或他们的代表发言的时间有多少分钟？

会议的主要形式是什么？

□教师主导

□教师与父母互动的形式

□其他（请描述）

第三章　课堂学习中学生与家庭资源的融入

考查的核心问题：

· 教师的哪些语言和行为会无意中制造家庭参与的障碍？

· 教师可以采用什么步骤来促进更多的家庭参与儿童在校内外的学习生活？

· 家庭参与课堂活动的主要目的是什么？什么是有意义的家庭参与？

观案任务与活动：

1. 创建一些交流的范例，旨在对家庭提供支持，使他们能够了解儿童
所学内容，并主动参与儿童在学校的学习活动。可以包括下面这些项目：

□课堂简讯

□全校通知

□班级网站

□学校手册

□课程之夜的PPT或讲稿

□您或者同事在课程之夜或其他特殊场合向家庭致辞的录像带

2. 找到并引用具体的例子，说明在措辞上承认或考虑到学生家庭环境在下面几个方面的不同情况：

□传统的家庭结构

□语言与文化多样性

□经济来源方面的差异

□性别中立的语言

□语言复杂程度

3. 评估上述活动中（即活动2）语言表达的正式性与非正式性，找到支持评价的例子。寻找并记录有下列描绘词句的任何例子：

□关心

□尊重多元化

□过多的礼节

□包容

□令人生畏

□安全感

□友好

反思活动：

1. 在这些交流中，有哪些例子在语言表达方面似乎能够有效表达对家庭的尊重并邀请他们进一步参与进来？

2. 您将如何改变这些交流方式，使之能够对家庭之间的差异更为包容，特别是对那些需要支持以更多地参与到其孩子所在学校的合作关系中的家庭？

3. 在与那些英语水平较低、单亲家庭、面临经济困难、接受的正规教育有限、非传统的家庭进行交流时，您认为什么策略、信息和词汇是重要的？

第四章 课堂共同体的准备

考查的核心问题：

· 新课堂中的学生就像一座冰山，只有其中一小部分会浮出水面。新学年开始时需要熟悉关于学生的哪些基本信息？

· 您感兴趣的事情是什么？您能够尽可能意识到个人经历与当前的因素会影响到作为人和学习者的学生吗？

· 在开始与学生和家庭相处时，您有什么方式可以在学年开始前建立信任、表达深切关心和尊重，以更好地服务于每一个人？

· 新学年初，当一群陌生人开始共同从事颇具挑战的工作时，您会如何帮助缓解每个人感受到的对未知的焦虑？

调查任务与活动：

从事任何职业的人都会有很好的理由拒绝改变。一旦形成惯例，一种无形的力量就会将其固定下来，这是因为专业团体往往认为新观点不可靠，带着疑问和挑战去反对它们。

思考一下改变习以为常的、传统的教师与学生、教师与家庭的关系所存在的阻力，与您的团队成员就教师如何通过本章所描述的方式来了解家庭与学生达成共识（假设他们的观点是不同的）。

在小组中，创建一个赞成或反对的T形图，首先给出传统做法效果好，不需要改变的理由（即赞成），然后列出采用诸如本章所描述的其他做法的理由（即反对）。

1. 让小组成员在1~5点量表上对每个陈述进行评价，其中5表示强烈同意，4表示同意，3表示中立，2表示不同意，1表示强烈不同意。给每个人时间解释自己的评价，其他小组成员不作评论。

2. 让每个小组成员有时间评论或思考他（或她）的态度是如何受讨论影响的，以及这些态度是如何因提出的观点而改变或加强的。

反思活动：

在阅读后，让小组成员从本章中选择1~3处他们同意、不同意或促进他们以新的方式思考进行实践的内容。给每位参与者3分钟以上的时间来阅读引文，描述为什么会选择它。邀请其他成员运用下列提示对所引用的内容进行反馈。

1. 您对刚才所听到的有什么反应？这与您的经验相符吗？您有不同的看法吗？

2. 这种观点对您的教学实践有什么启发？根据您所理解的在学年初支持学生获得最佳结果的方式，您会对下一年要做的事情做怎样的调整？

第五章 教育共同体的学业优势

考查的核心问题：

· 什么样的课堂情绪氛围可以对学习产生积极影响？

· 学生中的多样性和差异性在哪些方面体现了学习环境中的优势？教师

需要考虑哪些挑战以帮助拥有不同能力、家庭经历、文化和语言背景的学生群体在课堂中获得成功？

访谈任务与活动:

1. 观察某个正在进行小组活动（如合作学习）的课堂。记录那些学生表现投入、乐于合作以及任务对他们具有挑战性和进步缓慢的小组。

2. 选择在小组工作中轻松自在、富有成效的两名或一组学生，以及似乎在任务中面临困难的学生。记录下他们对下列问题的回答：

课堂上所做的什么工作有助于你与伙伴工作时获得成功？

你觉得自己的想法会得到工作伙伴的尊重吗？

当小组中某个人难以坚持完成任务时，你会如何帮助他？

当你犯错或尝试没有把握的想法时会有安全感吗？你的合作伙伴会帮助你做什么来营造安全的氛围？

老师做的什么事情会有助于让你感觉到课堂是接纳所有学生的？

别的学生做的什么事或说的什么话使你相信可以与他们合作？

在使课堂成为可以无忧无虑地学习和分享观点的场所方面，你的角色是什么？

合作完成这些事情的感受是什么？你的同伴或教师用什么语言或行为帮助你形成这种印象？

3. 与课堂上的老师进行谈论，询问下列问题：

班级所做的什么工作有助于您和学生懂得与同伴一起工作时如何获得成功？

当学生犯错或对想法没有把握时，您会做什么来增加他们的安全感？

某位学生做的什么事或说的什么话使您觉得他们在合作完成小组的工作和任务？

您给学生分派什么任务使得课堂成为学习和分享观点的安全场所？

课堂上您会如何评价学生的合作水平？学生说的什么话或做的什么事有助于形成这种印象？

4. 总结一下您从学生和教师对这些问题的回答中获得的重要感悟。与您的小组进行分享，了解他们的反应。

第六章　课堂活动中学生和家庭的赋权

考查的核心问题：

·课堂活动如何给学生和家庭授权？

·计划和执行课堂活动的关键要素是什么？

·参与课堂活动的一些主要障碍是什么？

访谈任务与活动：

1. 访谈一位教师，了解他（或她）在全学年举行的活动。就下列清单中的问题进行询问，并对活动类型做详细记录。

为交往目的建立共同体的活动；

展示学习透明化的课程；

利用家庭的丰富资源；

建立家校共享的学习文化。

2. 访谈上课的第二位教师，了解全学年举办的所有家庭活动。使用上面的问题清单对活动的类型进行询问，并做详细记录。

推荐的调查活动：

1. 利用下表让学习共同体的每一位成员完成一段时期内（如一学期）所进行的全部家庭活动的调查。使用表格时，让每一位成员记录活动的类型和频率。

活动类型	为交往目的建立共同体的活动	展示学习透明化的课程	利用家庭的丰富资源	建立家校共享的学习文化

2. 请每一位成员保留参与家庭的花名册，以及她（他）记录的谁参与哪项活动、谁没参与哪项活动的动向。这个动向包括母亲与父亲，英语表达流畅的家庭和英语表达不流畅的家庭，接受免费或低价午餐的家庭，或其他有助于收集资料的分类，以便加强课堂活动和家庭对活动的参与度。

反思任务与活动：

基于访谈和建议的调查活动。

1. 您记录的活动类型有什么动向？

2. 对于拓宽活动类型，加强课堂活动，您建议作何改变？

第七章　课堂之外学习圈的拓展：服务性学习

考查的核心问题：

· 为什么服务性学习是儿童教育的基本要素？

· 服务性学习的一些主要差距是什么？造成这些差距的根本原因是什么？

· 成功的服务性学习经历的一些关键要素是什么？

· 为了服务性学习项目，应该准备的草案是什么？

反思活动：

基于正在教授或将要教授的课程的标准设计的反思活动。

1. 根据成功的服务性学习的七个基本要素来描述项目是如何做到以下几点的：

满足团体中公认的需要。

通过服务性学习达到课程目标——使得课堂知识在真实生活情境中得到应用并加以检验。

以讨论、日志、表演、写作等方式进行反思活动。

培养学生的责任心——使学生对完成的项目负有领导权和掌控权。

确立共同体伙伴关系——使学生"了解他们的共同体，探索职业可能性，与不同个体组成的多元化群体进行合作"。

提前为服务性学习制订计划。

用服务所需知识与技能武装学生。

2. 根据服务性学习的计划，描述下面的服务性学习方案：

调查；

计划和准备；

执行；

反思；

展示或庆祝。

第八章　职业发展中的学习伙伴：学以致用

考查的核心问题：

· 职业发展的关键是什么？

· 为什么说读书会是重要的形式？

> ·会面前、会面中和总结活动应该包括什么？

访谈、调查、观察以及反思任务与活动：

本书中，我们为职业发展的参与者和贡献者提供了实例和示范。我们还希望能够鼓励您和同事利用书中的观点开展有意义的合作，希望能够邀请您运用本书和职业发展的观点来深化您的合作实践，希望能够激励您将我们想要在学生身上应用的做法付诸行动。

将学习共同体的所有成员视为专业技能和知识的来源；

学习会受到鼓励；

将不同观点视为财富；

学习者成为提出问题和选择任务的主动参与者。

最后，我们希望您能写下要研究的问题，并设计活动，以满足您所处环境中参与者的独特需要和想法，这样所有人都会感受到能够代表学校、所在社区和越来越相互依存的世界中的学生凝聚在一起，并参与其中。

参考文献

Ahmad, F.Z., & Boser, U.（2014）.*America's leaky pipeline for teachers of color*：*Getting more teachers of color into the classroom.*Washington，DC：Center for American Progress.

Banks，J.（April 2008）.Diversity，group identity，and citizenship education in the digital age.*Educational Researcher*，37（3），129-139.

Calderón，M.E.，& Minaya-Rowe，L.（2011）.*Preventing long-term ELs*：*Transforming schools to meet core standards.*Thousand Oaks，CA：Corwin.

Cohen，E.G.（1994）.*Designing groupwork*：*Strategies for the heterogeneous classroom*（2nd ed.）.New York，NY：Teachers College Press.

教育共同体：
家庭、学校、社区共育实践指南

Cohen, E.G., & Lotan, R. (2014).*Designing groupwork: Strategies for the heterogeneous classroom*(10th ed.).New York, NY: Teachers College Press.

Common Core State Standards Initiative. (2014).*Grade 6: Ratios and proportionalrelationships.*

Dilworth, M.E., & Coleman, M.J. (2014). *Time for a change: Diversity in teaching revisited.* Washington, DC: National Education Association.

Echevarria, J., Vogt, M.E., & Short, D.J. (2008). *Making content comprehensible for English learners: The SIOP model*(3rd ed.).Boston, MA: Allyn & Bacon.

Hollins, E., & Guzman, M.T. (2005).Research on preparing teachers for diverse populations.In M.Cochran Smith & K.M.Zeichner(Eds.), *Studying teacher education: The report of the AERA panel on research and teacher education*(pp.477–548).Mahwah, NJ: Lawrence Erlbaum.

Learning Forward. (2014).*System leaders.*

Maryland State Department of Education. (2003).*Maryland's 7 best practices of service-learning.*

Medina, M.A., Morrone, S.A., & Anderson, J.A. (2005, May–June).The relevance of educational psychology to teacher education. *The Clearing House*, 207–212.

Schön, D.A. (1987).*Educating the reflective practitioner.*San Francisco, CA: Jossey-Bass.

U.S.Department of Education. (2014).*Regulatory adjusted cohort graduation rate, all students:* 2010–11.

Wade, S.E., Fauske, J.R., & Thompson, A. (2008).Prospective teachers' problem solving in online peer–led dialogues.*American Educational Research Journal*, 45, 398–442.

Zacarian, D. (2013).*Mastering academic language: A framework for supporting student achievement.* Thousand Oaks, CA: Corwin.

Zacarian, D., & Haynes, J. (2012). *The essential guide for educating beginning English learners.* Thousand Oaks, CA: Corwin.

图书在版编目（CIP）数据

教育共同体：家庭、学校、社区共育实践指南/（美）黛比·扎卡里安，（美）米歇尔·希尔维斯通著；赵丽琴译. —上海：华东师范大学出版社，2024
ISBN 978-7-5760-4868-1

I.①教... II.①黛... ②米... ③赵... III.①学校教育—合作—家庭教育 IV.①G459

中国国家版本馆 CIP 数据核字（2024）第 072313 号

大夏书系｜西方教育前沿

教育共同体： 家庭、学校、社区共育实践指南

著　者	［美］黛比·扎卡里安 ［美］米歇尔·希尔维斯通
译　者	赵丽琴
策划编辑	李永梅
责任编辑	韩贝多
责任校对	杨　坤
封面设计	奇文云海·设计顾问

出版发行	华东师范大学出版社
社　　址	上海市中山北路 3663 号　邮编　200062
网　　址	www. ecnupress. com. cn
电　　话	021-60821666　行政传真　021-62572105
客服电话	021-62865537
邮购电话	021-62869887　地址　上海市中山北路 3663 号华东师范大学校内先锋路口
网　　店	http：//hdsdcbs. tmall. com

印 刷 者	北京密兴印刷有限公司
开　　本	700×1000　16 开
印　　张	12
字　　数	152 千字
版　　次	2024 年 7 月第一版
印　　次	2024 年 7 月第一次
印　　数	4 000
书　　号	ISBN 978-7-5760-4868-1
定　　价	59. 80 元

出 版 人	王　焰

（如发现本版图书有印订质量问题，请寄回本社市场部调换或电话 021-62865537 联系）